초등학생이 알아야 할
참 쉬운
돈과 금융

에디 레이놀즈, 매슈 올덤
라라 브라이언 글

마르코 보너티 그림

고정아 옮김

차례

돈이 뭐예요? — 4
돈은 어떻게 움직이나요? — 6
세계의 돈 — 8
돈의 관습 — 10

1장 돈은 어떻게 쓰이나요? — 13
현금, 지폐, 그 밖의 것들을 돈으로 만드는 것은 무엇인가요?
우리는 왜 돈을 믿나요?

2장 돈 이야기 — 23
돈은 동전이 생겨나기 전부터 존재했고, 세월이 지나는 동안 여러 가지 특이한 형태를 띠었어요. 돈은 어떻게 생겨났나요?

3장 은행은 무슨 일을 하나요? — 35
어른들은 대부분 은행 계좌가 있어요. 왜 그럴까요? 2008년에 세계가 금융 위기를 겪은 것이 정말로 은행의 잘못인가요?

4장 돈을 벌고 빌리는 일
돈이 전혀 없다고요? 문제없어요! 사람은 누구나 돈을 가질 수 있어요. 일을 해서 돈을 버는 방법도 있고, 빌리는 방법도 있지요. — 53

5장 소비, 저축, 기부 　　　　　　　　　　　　　71
어떤 사람들은 돈이 생기면 금세 써 버려요. 어떤 사람들은 열심히
저축을 하죠. 또 남는 돈을 자선 단체에 기부하는 사람도 있어요.

6장 정부와 돈 　　　　　　　　　　　　　　　89
세금, 결손, 인플레이션, 양적 완화, 이게 무슨 뜻이고,
누가 책임을 지는 건가요?

7장 중요한 질문들 　　　　　　　　　　　　　105
억만장자가 되는 법, 행복을 사는 법, 세상을 더 공정하게 만드는 법.
그밖에도 중요한 질문이 많이 있어요.

돈에 대해 알고 난 다음엔? 　　　　　　　　　　121

낱말 풀이 　　　　　　　　　　　　　　　　　122
찾아보기 　　　　　　　　　　　　　　　　　125
만든 사람들 　　　　　　　　　　　　　　　　128

인터넷에서 자료 찾기

어스본 바로가기(usborne.com/quicklinks)에 방문해서
검색창에 'money for beginners'를 입력해 보세요.

가상 은행에서 전 세계의 돈을 보거나 여러 가지 활동과 자료를 얻을 수 있어요.
다만 연결되는 웹 사이트는 모두 영문으로 제공된답니다.

우리가 추천하는 웹 사이트에서는
다음과 같은 활동을 해 볼 수 있어요.

· 돈이 움직이는 방식에 대한 비디오 보기
· 돈 관리 방법을 알려 주는 게임 해 보기

돈이 뭐예요?

은행원, 회계원, 경제학자처럼 돈과 관련된 직업을 가진 사람들도 돈이 실제로 무엇인지에 대해서 저마다 생각이 달라요. 가장 단순한 (그리고 약간 불완전한) 대답은 '값을 지불하는 수단으로 사용되는 것'이라는 거예요.
이론적으로는 모든 물건이 그런 수단으로 쓰일 수 있어요.

안타깝게도 무언가를 파는 대가로 스티커나 당근을 받으려는 사람은 별로 없어요. 대부분의 사람이 일상적으로 사용하는 돈은 두 가지 형태를 띠어요. 하나는 **현금**이고 하나는 **전자 화폐**지요.

현금과 달리, 전자 화폐(이 머니)는 물질적 형태가 없이 사이버 공간에서만 사용할 수 있어요. **은행 계좌**가 있는 사람은 누구나 이 머니가 있어요. 이 머니로 물건 값을 지불하는 데는 다양한 장치가 사용되지요.

이 머니로 값을 지불할 때는 물리적인 돈이 오가지 않아요. 대신 지불하는 사람의 은행 계좌에 있는 이 머니가 판매자 또는 판매 업체의 계좌로 옮겨지지요.

이 계좌에서 저 계좌로 이 머니를 옮기는 실제 과정은 상당히 복잡하기도 해요.

돈은 어떻게 움직이나요?

돈은 사람들 사이를 끊임없이 흘러 다녀요. 돈이 한 사람에게서 다른 사람으로 옮겨지는 것을 **교환** 또는 **거래**라고 해요. 그것이 이루어지는 과정은 주로 다음과 같아요.

소득

사람들은 대부분 일을 하고 그 대가를 **지불**받아서 **돈을 벌어요**. 자세한 내용은 4장을 보세요.

야호! 월급 받았다. 이 돈으로 하고 싶은 일이 많아.

돈이 모자라면 어떻게 하지?

그러면 빌릴 수 있을 거야.

소비

사람들은 번 돈을 식품이나 전기처럼 생활에 필요한 것을 사는 데 **소비**해요. 소비에 대한 자세한 내용은 5장을 보세요.

세금

사람들은 번 돈을 자기가 다 가질 수 없어요. 학교나 병원 같은 **공공 서비스**를 이용하는 대가로 정부에 얼마간의 돈을 내야 해요. 이것을 **세금**이라고 해요.

자세한 내용은 6장을 보세요.

기부

환경 오염으로 죽어 가는 산호초를 위해 돈을 기부하세요!

어떤 사회단체나 자선 단체는 사람들이 주는 돈으로 운영돼요. 자선이나 사회봉사를 위해 돈을 주는 일을 **기부**라고 해요. 자세한 내용은 5장을 보세요.

투자

투자는 나중에 더 많은 돈을 벌기 위해 특정 물건을 사는 일을 말해요.

나는 이 미술 작품을 샀어요. 앞으로 가격이 더 올라갈 거라고 기대하고 있어요. 그러면 이걸 팔아서 돈을 벌 수 있죠.

투자에는 다양한 방법이 있어요. 78~81쪽에서 자세히 알아보세요.

빌리기

무언가를 살 돈이 충분하지 않을 때, 사람들은 은행 같은 곳에서 돈을 빌리기도 해요.

집을 사기 위해 돈을 빌렸어요.

돈을 빌리는 일을 **대출**이라고 하고, 빌린 돈을 **대출금**이라고 불러요. 대출금은 갚아야해요. 돈을 빌리는 일에 대해 자세한 내용은 4장을 보세요.

이 모든 거래와 교환은 사람, 기업이나 사업체, 단체, 정부 사이에서 일어나요. 대부분의 돈은 이렇게 움직이지만, 예외도 있어요.

절도

돈이 움직이는 또 한 가지 방식은 훔치는 거예요. 당연히 이것은 **불법**이죠. 지난 1년 동안 전 세계에서 수천조 달러의 돈이 도난당했어요. 돈 관련 범죄에 대한 자세한 내용은 66~67쪽을 보세요.

음하하, 방금 50명의 은행 계좌를 해킹했어. 이제 이 사람들 돈은 모두 내 거야!

내가 다 들었거든!

세계의 돈

전 세계에 얼마나 많은 현금과 이 머니가 있는지는 아무도 정확히 몰라요. 돈은 너무도 다양한 통화로 존재하기 때문에, 그걸 모두 계산하기란 어려워요. 미국 정부는 2017년에 전 세계에 돌아다니는 미국 달러는 **8조 달러**가 약간 넘는다고 추정했어요. 그 금액은 매일 달라져요.

미국 돈 8조 달러가 있다면 이런 것들을 살 수 있어요.

캐나다 퀘벡주의 주택
3억 5,000만 채
(한 채당 30만 캐나다 달러)

캐나다 사람 모두에게 집을 거의 열 채씩 줄 수 있어.

북아메리카

파리를 출발해 뉴욕에 도착하는 비행
1,600억 회(한 회당 490미국 달러)

인류 역사보다도 오랜 시간을 비행하게 될 거야!

오하이오주의 전자레인지
1조 3,000만 대
(한 대당 55미국 달러)

그걸 전부 쌓아 올리면, 태양보다도 더 멀리까지 가!

볼리비아의 두루마리 화장지
160조 개
(4개들이 한 팩당 14볼리비아 달러)

그 정도면 남아메리카 전체를 화장지로 20겹이나 덮을 수 있어.

남아메리카

캐나다 달러, 미국 달러, 볼리비아 달러는 모두 달러($)라고 불리지만 서로 다른 **통화**예요. 다른 통화 이름도 많아요. 예를 들어, 유로(€)는 유럽의 19개 나라에서 쓰는 통화랍니다.

현재 200개 가까운 나라에서 180개 통화를 사용하고 있어요.

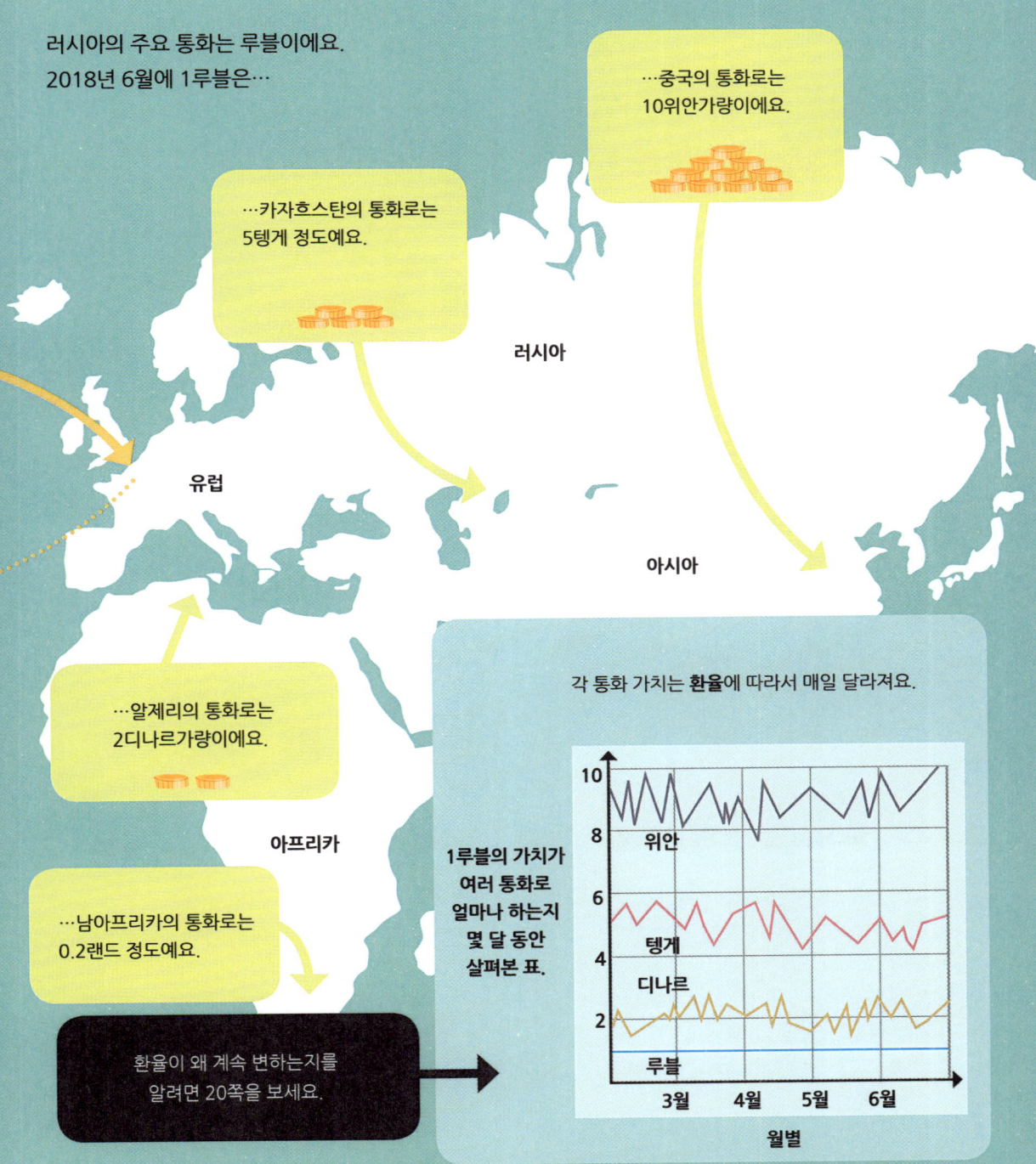

돈의 관습

돈을 다루고 돈에 대해 이야기하는 일에는 여러 가지 규칙이 있어요.
사람들은 자신도 모르는 채 이런 규칙에 따르기도 하지요. 이런 관습은 시대에 따라 변하고, 나라에 따라서도 다르며, 심지어 집안에 따라서도 달라요.

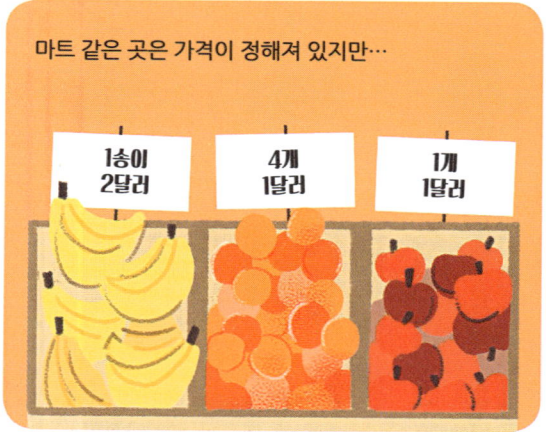

돈에 대해 이야기하기

많은 (정말로 많은!) 사람들이 실제로 가진 돈이 얼마건 상관없이 돈 걱정을 해요.
그럴 때는 믿을 수 있는 사람들과 이야기를 나누다 보면 유용한 정보를 얻을 수 있어요.

하지만 돈에 대한 이야기는 때로는 무례하게 여겨지기도 해요.
개인적이거나 심지어 감정적인 내용이 담길 때가 많기 때문이죠.

제1장
돈은 어떻게 쓰이나요?

　돈은 어디에나 있어요. 동전의 형태로도 있고, 지폐의 형태로도 있고, 은행 계좌 속 숫자의 형태로도 있지요. 하지만 대부분의 사람들은 돈이 무엇이고 어떻게 쓰이는지 별로 생각하지 않고 매일 그것을 사용해요.

　아무것이나 돈으로 사용할 수는 없어요. 돈이 돈으로서 가치를 가지려면 아주 특별한 특징이 있어야 해요.

　함께 읽고 알아봐요.

돈은 무엇을 위한 것인가요?

돈은 물건을 사기 위한 것일까요? 네, 맞아요. 하지만 돈에는 다른 쓰임새도 있어요. 만약 돈을 물건을 사는 데만 쓴다면, 우리는 돈이 필요 없을지도 몰라요.

이런 식으로 물건을 사는 것을 **물물 교환**이라고 해요. 이런 일에는 돈이 필요 없지요.
하지만 한 사람만 상대의 물건을 원할 때는 어떻게 물물 교환을 할까요?

이럴 때 돈이 있으면 편리해요. 사람들은 대부분 돈을 원해요.
돈이 있으면 원하는 것을 대부분 살 수 있기 때문이죠.

사람들이 물건을 사고 거래하는 데 사용하는 돈을 **교환 수단**이라고 해요.
하지만 돈을 사용하는 방법은 다른 것도 있어요. 우리는 돈을 나중에 쓰기 위해 *저축하거나*
더 비싼 것을 사기 위해 *모을* 수도 있지요.

이런 방식으로 사용하는 돈을 **가치 저장의 수단**이라고 해요.
우리가 돈을 *저축할* 수 있는 것은 돈이 가치를 잃지 않기 때문이에요.

사람들은 돈으로 *가치를* 측정하기도 해요. 그것은 분과 초로 시간을 측정하는 것과 같죠.
우리는 돈을 통해서 우리가 무엇을 살 수 있는지 쉽게 알고, 다른 것들과도 쉽게 비교할 수 있어요.

돈을 이렇게 사용하는 것을 **계산 단위**라고 불러요.

사용하기 쉬운 돈

사용하기 어렵다면 돈은 제대로 쓰이지 않을 거예요.
현금과 이 머니는 전 세계에서 사용하지만, 당근을 쓰지 않는 데는 이유가 있어요.
돈으로서 잘 쓰이려면 다음과 같은 특징이 있어야 해요.

실제로 현금이나 이 머니도 *완벽하지* 않아요. 지폐는 찢어지고, 동전은 닳아 없어질 수 있으며, 신용 카드는 가끔 부러져요. 또 은행의 컴퓨터가 잘못되면 이 머니가 사라질 수도 있지요. 하지만 대개의 경우는 문제없이 잘 돌아가요.

돈의 유동성

돈은 사람에게서 사람으로, 기업에서 기업으로 쉽게 흘러 다녀요. 대부분의 사람이 지불 수단으로 돈을 환영하기 때문에 돈으로는 거의 모든 것을 살 수 있어요. 이런 특징을 **유동성**이라고 해요.

돈의 가치

돈은 사람들에게 물과 음식, 집과 같은 가치를 주지는 않아요. 사람은 돈 없이도 살 수 있으니까요. 동전, 지폐, 이 머니는 몇 가지 특별한 이유로 가치를 가져요.

1.

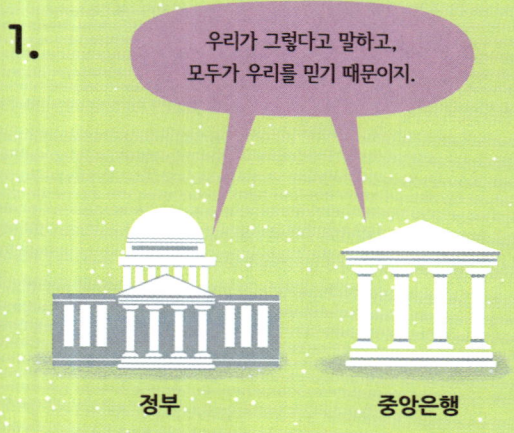

법이 그렇게 만들어요. 오늘날 돈은 **명목 화폐**예요. 이것은 돈이 가치 있는 이유는 오직 정부가 법으로 그것이 가치 있다고 정해 놓았기 때문이라는 뜻이죠.

사람들이 이런 법을 믿도록, 대부분의 정부는 자기 나라의 돈에 대한 책임을 **중앙은행**이라는 별도의 기관과 나누어 가져요. 중앙은행에 대한 자세한 내용은 6장을 보세요.

2. 중앙은행과 정부는 돈의 공급을 제한해요.

이렇게 하면 모두가 돈을 갖기 때문에 공정해 보일 수 있어요. 하지만 이런 일이 일어나면 본래의 동전과 그것을 찍은 사진도 *모두 가치를 잃어요.*

모두가 돈을 제한 없이 만들 수 있다면, 사람들은 그걸 상대에게서 받을 *필요가* 없어져서 돈을 물건과 교환하지 않을 거예요.

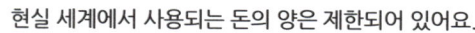

사람은 세 명인데 동전은 하나뿐이면, 동전은 수요가 생겨서 가치를 얻어요.

3. 현금은 특정한 장소에서, 철저한 보안 속에 만들어져요.

사람들이 자기 마음대로 돈을 만들어 내지 못하도록, 동전과 지폐는 알아보기는 쉽지만 똑같이 만들기는 어렵게 도안해요. 화폐의 디자인 특징으로는 다음과 같은 것이 있어요.

복잡한 무늬

지폐의 양각 인쇄

(일부 동전은) 가장자리에 오돌토돌한 무늬와 글자가 새겨져 있어요.

자외선으로만 볼 수 있는 숨겨진 문양

아무리 교묘한 기술을 사용해도, 범죄자들은 계속 **위조 화폐**를 만들어 내요. 하지만 위조 화폐를 만드는 건 아주 어려운 일이에요. 지폐가 진짜 지폐의 특징을 모두 가지고 있다면, 믿고 사용해도 돼요.

디지털 가치

이 머니는 물질적 형태는 없지만, 우리는 이것도 현금과 똑같은 세 가지 이유로 그것이 가치가 있다고 믿어요.

1) 이 머니는 중앙은행과 정부가 가치 있다고 말하는 현금으로 교환할 수 있어요.

2) 여러 규칙을 통해서 은행이 그것을 *발행하는 양*을 제한해요.

3) *가짜 이 머니*를 만드는 일도 가능하지만, 이를 위해 필요한 해킹 기술은 실물 위조 화폐를 만드는 것만큼이나 어려워요.

통화

전 세계의 돈이 모두 똑같지는 않아요. 각 나라는 대체로 자신들만의 돈이 있고,
이것을 **통화**라고 해요. 그 나라의 사람들과 기업은 대개 자기 나라의 통화로 돈을 지불해요.

옷, 여권, 돈!
이걸 해결해야겠군.

때로는 돈을 다른 통화로
바꾸어야 할 때도 있어요.
해외여행을 갈 때나
기업이 외국과 거래를 할 때 필요하지요.

한 통화를 다른 통화로 바꾸려면,
각 통화의 상대 가격을 알아야 해요.
이것을 **환율**이라고 해요.

100달러 정도
필요할 거 같은데,
이게 유로로는 얼마지?

환율
100미국 달러
91.74유로

통화는 외환거래소에서 교환할 수 있어요. 은행이나 우체국에서 이런 일을 해요.
이런 곳에 가면 각 통화의 상대 가치를 알려 주는 안내판이 있어요.

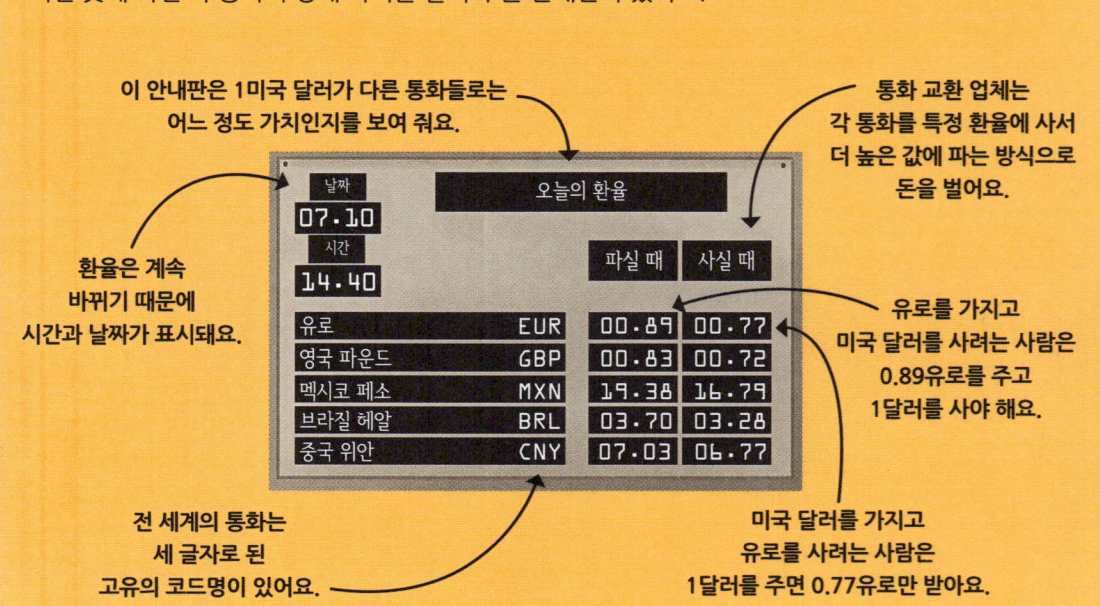

이 안내판은 1미국 달러가 다른 통화들로는
어느 정도 가치인지를 보여 줘요.

통화 교환 업체는
각 통화를 특정 환율에 사서
더 높은 값에 파는 방식으로
돈을 벌어요.

환율은 계속
바뀌기 때문에
시간과 날짜가 표시돼요.

유로를 가지고
미국 달러를 사려는 사람은
0.89유로를 주고
1달러를 사야 해요.

전 세계의 통화는
세 글자로 된
고유의 코드명이 있어요.

미국 달러를 가지고
유로를 사려는 사람은
1달러를 주면 0.77유로만 받아요.

통화의 가치는 얼마나 많은 사람이 그것을 원하느냐에 따라 계속 달라져요.
원하는 사람이 많을수록 그 가치는 높아지지요.

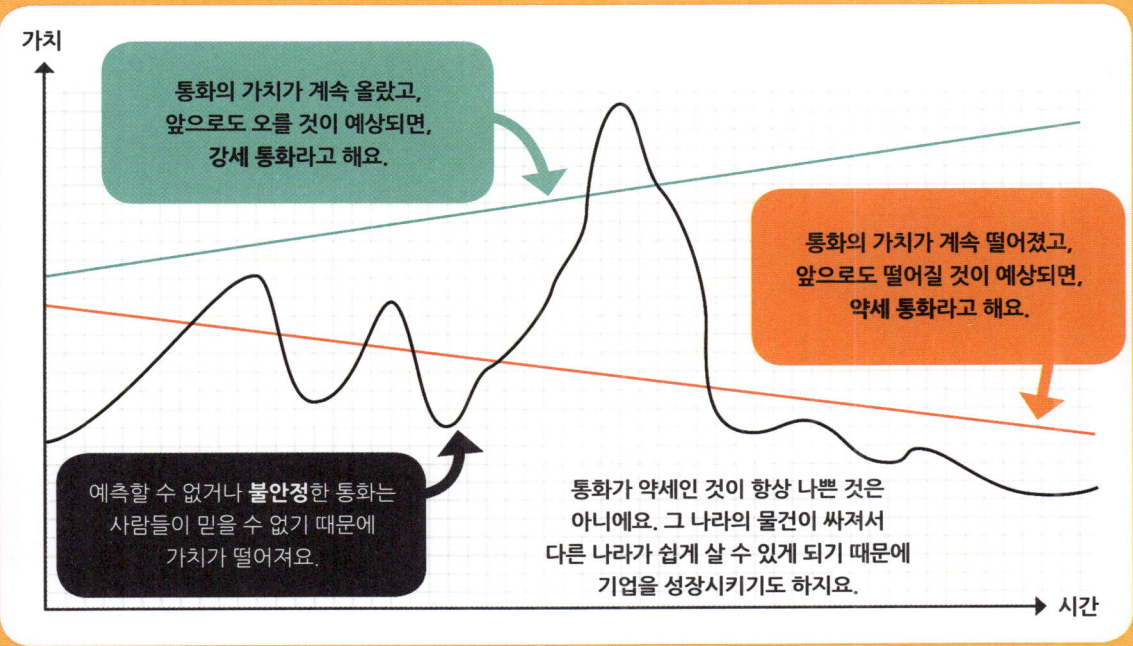

몇몇 통화가 다른 많은 통화들보다 수요가 많은 데에는 몇 가지 이유가 있어요.

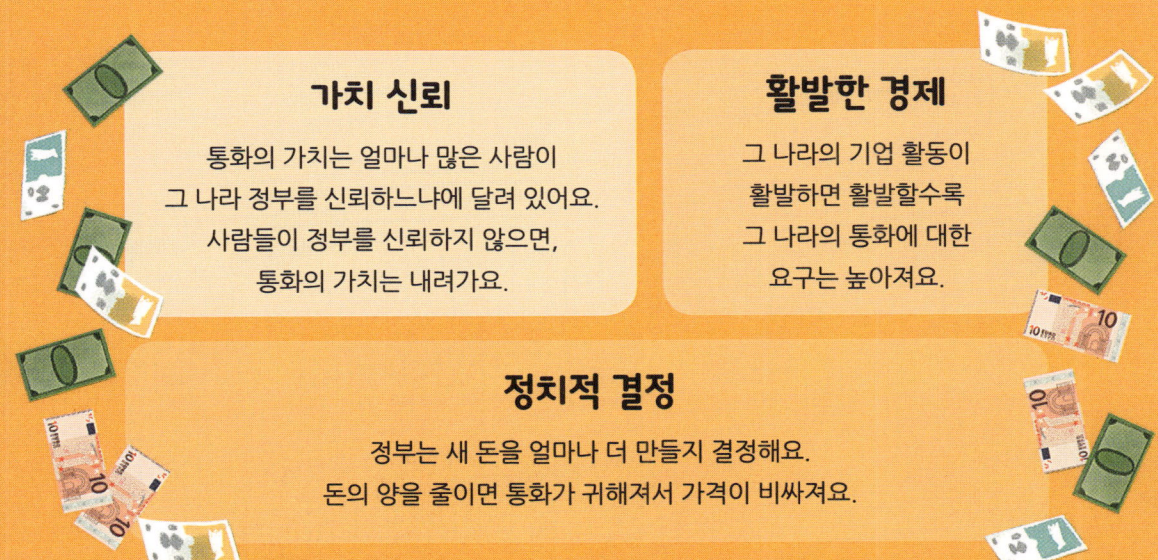

강세면서 안정적인 통화는 **준비 통화**가 될 수 있어요. 그것은 은행과 정부들이 부를 저장하기 위해 그 통화를 산다는 뜻이에요. 오늘날 세계에서 가장 주요한 준비 통화는 미국 달러지만, 많은 나라가 유로, 영국 파운드, 중국 위안도 사용해요.

제2장
돈 이야기

    돈의 역사는 문자의 역사보다 오래됐어요. 이것은 인류 최초의 문자 기록 중에 영수증과 빌린 물건의 목록이 많은 것으로도 알 수 있어요.

    어떤 형태의 돈은 더 오래전부터, 심지어 돈이라는 이름이 없을 때에도 사용했을 가능성이 높아요. 돈이라는 아이디어는 한 곳에서 생겨나서 다른 데로 퍼졌다기보다 세계 곳곳에서 생겨났다고 여겨져요.

    그러면 돈은 어떻게 해서 오늘날과 같은 형태가 되었을까요?

아직은 돈이 아니지만

사람들이 돈을 사용해서 물건을 거래한 가장 오래된 증거는 약 9,000년 전 메소포타미아(오늘날의 이라크)의 것이에요. 역사가들은 그 이전의 사람들이 거래를 할 때는 여러 가지 방법을 섞어서 사용했을 거라고 생각해요.

때로는 서로 물물 교환할 게 있어도 때가 맞지 않았어요.
이럴 때는 서로에게 약속을 했지요. 이런 약속을 **차용**이라고 해요.

이런 약속이나 거래에서 누구도 '돈'이라는 말을 사용하지 않았지만, 돈의 모든 요소가 이미 있었어요.

분명한 돈의 역할

우리는 메소포타미아 인들이 이런 것을 돈으로 사용했다는 것을 알아요. 그들이 서로에게 얼마를 빌렸는지, 어떻게 갚았는지를 문자로 써 두었기 때문이죠. 기록을 보면 그들은 작은 금액을 측정하는 데는 보리를 사용하고, 큰 금액을 측정하는 데는 은을 사용했어요. 그들은 어쩌면 보리 씨앗과 은 조각을 동전으로 사용했을 수도 있지만, 그것들은 지금 남아 있지 않아요.

재미있는 돈

메소포타미아 시대 이후로, 전 세계에서 사람들은 온갖 물건을 오늘날의 현금처럼 사용했어요. 이 단순한 형태의 돈은 그 종류가 놀라울 만큼 다양했어요.

돌고래 이빨
오세아니아

케찰 새의 깃털
중앙아메리카

개오지 조개껍데기
아프리카와 아시아

청동 화살촉
유럽

후추 열매
유럽

찻잎
아시아

코코아 콩
중앙아메리카

소금 덩어리
아프리카

금속 덩어리
아프리카와 아시아

동물 가죽
세계 곳곳

비취석
아시아

흑요석(검은 유리)
중앙아메리카

라이 돌
오세아니아

이런 형태의 돈은 각기 장점이 있고, 또 나름의 가치가 있었어요.

하지만 단점도 있었지요.

이 중에서도 특히 단점이 적은 형태가 있었어요. 예를 들어, 개오지 조개껍데기는 희귀하고 예쁘게 생겼어요. 거기다 **휴대성**과 **내구성**도 높고, 크기도 **통일성**이 있었지요.

청동 모조품은 2,400년쯤 전에 처음 나타났어요. 사람이 만든 이 작은 금속 물체는 **동전**과 공통점이 많았어요. 그 당시에도 이미 중국과 여러 나라에서는 동전을 돈으로 사용하고 있었어요.

동전의 탄생

역사 속에서 돈은 다양한 형태로 나타났지만, 그중 일부는 특히 더 광범위하게 사용되었어요. 시간이 지나면서 세계 곳곳의 사람들은 특정 금속, 특히 **금**과 **은**으로 만든 작고 납작하고 동그란 형태의 돈을 사용되게 되었어요.

최초의 동전은 리디아(오늘날의 터키)에서 약 2,700년 전에 만들었어요.

중국에서는 약 2,400년 전에 이렇게 생긴 청동 동전이 나타났어요.

아메리카 대륙은 유럽인이 건너오기 전에는 동전이 없었지만, 금으로 만든 물건을 사용해서 거래를 했어요.

모든 동전이 동그랗지는 않았어요. 인도에서는 2,400년 전 무렵 이런 은 동전을 사용했어요.

금과 은은 동전을 만들 재료로 완벽했어요. 희귀하지만, 너무 희귀하지는 않아서 대부분의 사람이 약간씩 가질 수 있었지요.

그런데 금과 은은 매일매일 거래에 사용하기에는 가치가 너무 높았어요. 그래서 사람들은 그보다 조금 흔한 금속으로도 동전을 만들었어요.

금   은   놋쇠   청동

고대 로마에서, 금화 하나는 은화 25개, 놋쇠 동전 200개, 청동 동전 1,600개와 같은 가치였지.

금화 한 개
(1 아우레우스)

대부분의 사람들은 하루 급료가 은화 한 개였기 때문에 1아우레우스는 거의 한 달치 월급이었어.

은화 25데나리우스

놋쇠화 200두폰디우스

청동화 1,600콰드란스

동전은 그것으로 세금을 걷는 통치자들과 정부가 **주조**하여 만들었어요. 동전은 사람들이 걱정 없이 사용할 수 있도록 알아보기 쉬워야 했어요. 동전의 많은 특징은 그것이 처음 사용된 2,700년 전 무렵부터 지금까지 변함없이 이어지고 있지요.

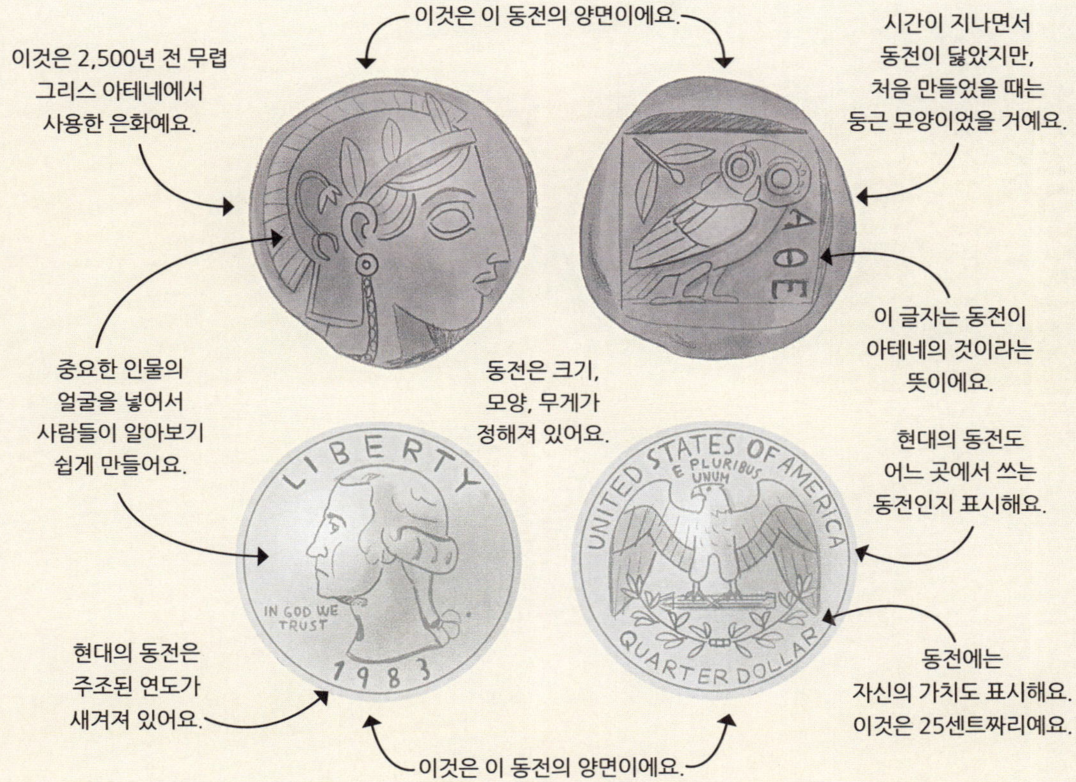

이것은 2,500년 전 무렵 그리스 아테네에서 사용한 은화예요.

이것은 이 동전의 양면이에요.

시간이 지나면서 동전이 닳았지만, 처음 만들었을 때는 둥근 모양이었을 거예요.

이 글자는 동전이 아테네의 것이라는 뜻이에요.

중요한 인물의 얼굴을 넣어서 사람들이 알아보기 쉽게 만들어요.

동전은 크기, 모양, 무게가 정해져 있어요.

현대의 동전도 어느 곳에서 쓰는 동전인지 표시해요.

현대의 동전은 주조된 연도가 새겨져 있어요.

이것은 이 동전의 양면이에요.

동전에는 자신의 가치도 표시해요. 이것은 25센트짜리예요.

동전은 천 년 이상 동안 잘 이용됐어요. 하지만 동전도 완벽하지는 않았어요. 많은 금액을 가지고 다니려면 무거웠고, 도둑맞을 수도 있었지요. 게다가 사람들은 온갖 방법으로 사기를 쳤어요.

사기꾼들은 값싼 금속을 섞어서 '싸구려' 금화를 만들었어요.

진짜 금화의 가장자리를 갈아내서 금 부스러기를 떼어내는 사람들도 있었어요.

이렇게 떼어낸 부스러기를 녹여서 새로운 금화를 만들었지요.

지폐

동전의 큰 문제 중 하나는 비싼 물건을 살 때 많은 동전이 필요하다는 것이었어요. 그래서 천 년 전 무렵 사람들은 큰 금액을 다룰 새로운 방법을 생각해 냈어요.

무거운 동전을 들고 가는 것은 힘들었고…

…도적 떼의 표적이 될 수 있었어요.

이 문제를 해결하기 위해서 중국의 은행업자들은 사람들의 동전을 안전한 금고에 보관해 주었어요. 그에 대해 *교자(交子)*라고 하는 종이 영수증을 발급해서 사람들이 보관한 금액을 알려 주었지요.

사람들은 그 영수증으로 동전을 찾아가는 대신, 그 영수증을 사용해서 물건을 샀어요. 그러면 영수증을 받은 사람이 나중에 동전을 찾아갈 수 있었지요.

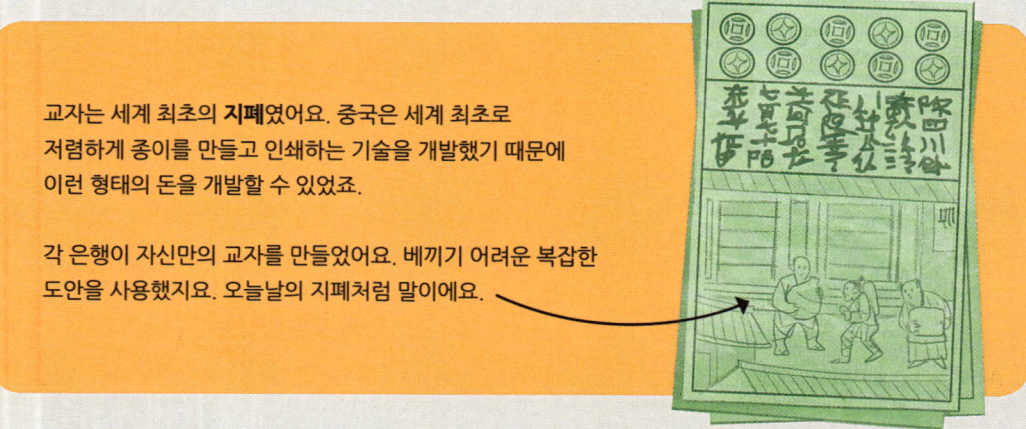

교자는 세계 최초의 **지폐**였어요. 중국은 세계 최초로 저렴하게 종이를 만들고 인쇄하는 기술을 개발했기 때문에 이런 형태의 돈을 개발할 수 있었죠.

각 은행이 자신만의 교자를 만들었어요. 베끼기 어려운 복잡한 도안을 사용했지요. 오늘날의 지폐처럼 말이에요.

교자는 완벽하지 않았어요. 교자에는 아주 큰 금액만을 표시해서, 대부분의 사람들은 교자를 사용하지 않았어요. 그리고 동전보다 위조하기가 더 쉬웠죠. 게다가 이 당시 은행은 아주 위험성이 높은 사업이었어요. 은행이 망하면 고객이 가지고 있던 영수증은 휴지 조각이 되었어요.

이 제도가 활성화되는 데는 시간이 걸렸어요. 사람들은 400년가량 이 제도를 폐기하고 안 쓰기도 했지요. 하지만 마침내 중국은 모든 큰 은행에서 사용하는 표준 지폐를 만들었고, 그것이 오늘날까지 이어지고 있어요.

인쇄한 종이만큼의 가치도 없어요

오늘날의 지폐도 교자 같은 영수증처럼 보여요. 어떤 나라의 지폐에는 중앙은행장의 서명 옆에 다음과 같은 문장에 쓰여 있어요.

"나는 이 지폐의 소지자가 요청할 때 여기 적힌 금액을 지불할 것을 약속합니다."

하지만 우리가 은행에 지폐를 가지고 가서 거기 적힌 금액을 지불해 달라고 요청해도, 은행은 아무것도 해 주지 않을 거예요. 오늘날의 돈은 모두 **명목 화폐**이기 때문이지요.

돈은 동전이나 금이나 다른 어떤 것을 보관하고 있다는 증서가 아니에요. 명목이란 '겉으로 내세운 구실'이라는 뜻으로, 실제로는 그만한 가치가 없지만 정부가 그렇다고 말하기 때문에 가치가 있는 것이지요. 하지만 원래부터 그렇지는 않았어요.

각 나라 정부는 세계에 있는 금의 양보다 더 많은 돈을 찍었다는 것을 알게 되었어요. 하지만 그게 *상관없다*는 사실도 알게 되었죠. 사람들이 지폐를 신뢰하기만 하면 아무 문제없었어요.

결국 금본위제는 역사 속으로 사라졌어요. 1971년에 미국이 마지막으로 금본위제를 폐기하면서 그 제도는 영원히 사라졌지요. 지폐는 더 이상 다른 것과 연결되지 않았고, 명목 화폐의 시대가 열렸어요.

다양한 형태의 돈

돈은 현금이나 이 머니 말고도 여러 가지 형태가 있어요. 돈의 핵심은 '사람들이 신뢰하는 약속'이라는 거예요. 시간이 흐르는 동안 사람들은 약속을 돈으로 만드는 방법을 세 가지 이상 개발했어요.

부채

다른 사람에게 미래에 주겠다고 약속하는 돈이에요. **빚**이라고도 하죠.

두 사람은 빚을 돈처럼 사용해요. 줄리는 오빠에게 돈을 갚는 대신 오빠의 부채를 떠맡았죠.

부채가 있으면 우리는 돈을 *갚아야* 해요. 하지만 우리는 부채를 *사기도* 해요.

우리가 부채를 사면, 그것을 판 사람은 **채무자**가 되고 우리는 **채권자**가 돼요. 채무자는 이자를 붙여 돈을 갚아야 하기 때문에 사람들이 부채를 사는 거예요. (60쪽을 보세요.) 부채를 사는 것은 안전한 일은 아니에요. 채무자가 항상 돈을 갚을 수 있는 것은 아니기 때문이죠. 하지만 믿을 만한 채무자의 경우에는 그 위험이 낮아져요.

사람들이 살 수 있는 부채 가운데 위험성이 낮은 것 중 하나는 **채권**이에요. 채권은 대개 그 기간이 아주 길어요. 주로 정부나 대기업에서 팔기 때문에 미래에 돈을 갚을 가능성이 매우 높죠.

주식

우리가 돈으로 기업의 소유권 일부를 사는 거예요.

우리가 주식을 1주 이상 사면 그 기업의 이익에 대한 **지분**이 생겨요. 그러면 기업이 수익을 많이 올렸을 때 정기 배당을 받을 수도 있고, 아니면 산 가격보다 높은 가격으로 주식을 팔 수도 있어요.

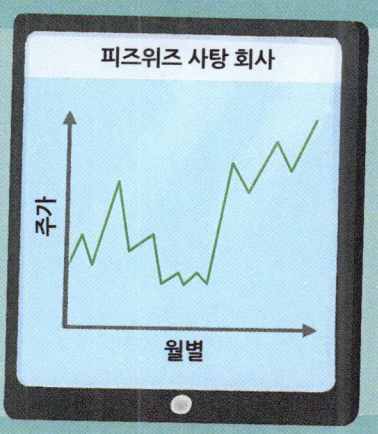

파생 상품

주식, 부채 또는 어떤 생산품, 예를 들면 밀의 가치의 변동에 따라 돈을 벌 수 있는 약속이에요.

9월에 추수를 하면 내 밀을 1부셸당 10플로린에 사세요.

좋아요!

부디 수확량이 많았으면.

수확량이 많으면 밀이 필요한 양보다 더 많아지겠지.

그러면 다른 농부들도 밀을 팔려고 가격을 낮출 거고, 그러면 10플로린이 비싼 가격이 될 수도 있어.

하지만 수확량이 적으면 밀이 부족해져서 사람들은 가격이 높아도 밀을 사려고 할 거야. 그러면 10플로린은 싼 가격이 되지!

밀 수확량이 뚝 떨어졌으면 좋겠어.

이 두 사람이 이야기하는 것은 **선물**이라는 파생 상품이에요.

부채, 주식, 파생 상품 같은 형태의 돈을 **금융 상품**이라고 해요. 이것들은 돈처럼 다른 사람들과 교환할 수 있어요. 은행에서 일하는 많은 사람들, 특히 자산 관리사들은 부유한 고객에게 이런 금융 상품을 사서 돈을 더 버는 방법을 조언해요.

제3장
은행은 무슨 일을 하나요?

　많은 사람들이 처음으로 경험하는 금융 활동은 **돼지 저금통**에 저금을 하는 거예요. 하지만 돈을 더 많이 모으면 **은행**에 가야 할 필요가 생기지요. 은행이 더 안전하고 더 편리하거든요.

　하지만 은행은 돈을 저축하는 것 이상의 일을 해요. 은행은 사람들에게 돈을 **대출**해 주고, 그렇게 하기 위해서 새로운 돈을 **만들어** 내요. 약간 마술처럼 들리겠지만, 실제로 진짜 마술 같은 면이 있어요.

　이 장에서 우리는 은행에는 어떤 종류가 있는지, 그것들은 무슨 일을 왜, 어떻게 하고, 세계에 어떤 영향을 미치는지를 살펴볼 거예요.

내 돈은 어디로 가요?

어른들은 대부분 은행에 돈을 **예금**해요. 하지만 그 돈이 어디로 가고 어떻게 쓰이는지 크게 관심을 두지는 않아요. 그 이유는 사람들이 은행에 대해 이야기할 때 사용하는 말에 오해의 소지가 있기 때문이에요.

하지만 실제로는 그렇지 않아요. 우리가 돈을 예금하면, 돈은 그 은행 모든 지점의 예금과 소득을 모은 거대한 '공동 자금'에 들어가요.

여기 모인 돈은 사람들이 예금한 돈이 많은 부분을 차지하지만, 그것만 있는 것은 아니에요. 은행은 다른 은행에서 돈을 빌리기도 하고, 은행에서 돈을 빌린 사람들에게서 이자를 받아 돈을 벌기도 하죠.

우리 돈이 은행의 공동 자금에 들어가면 여러 가지 일이 일어나요.

소비된다

은행은 기업이에요. 다른 기업과 마찬가지로
은행을 운영하고 성장하고 발전하는 데 돈을 쓰죠.

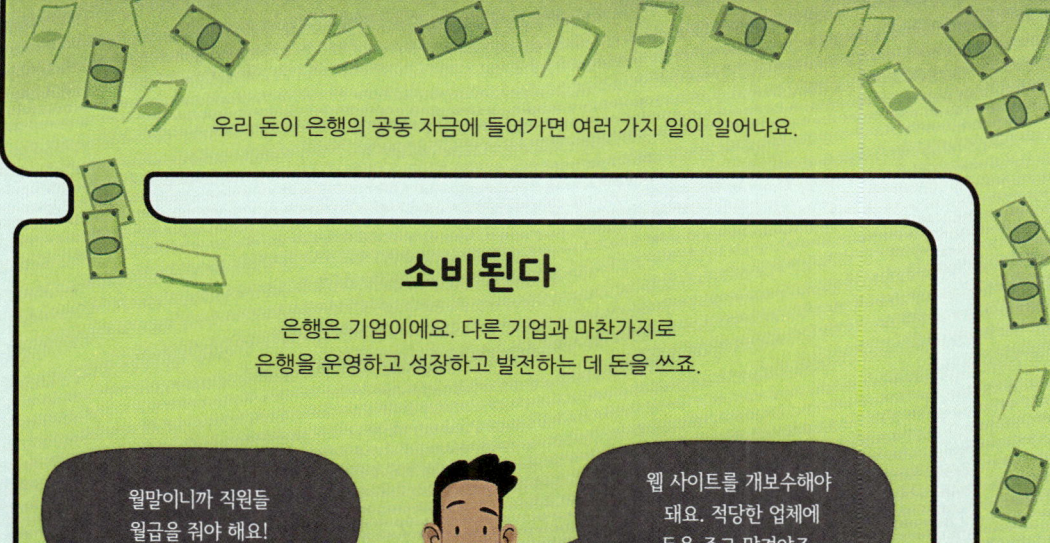

월말이니까 직원들 월급을 줘야 해요!

웹 사이트를 개보수해야 돼요. 적당한 업체에 돈을 주고 맡겨야죠.

한국에 새 지점을 열기 위해 건물을 임대해야 해요.

우리가 다른 은행에서 빌린 돈을 갚아야 해요.

저장된다

은행이 예금된 돈을 전부 보관하고 있을 필요는 없어요.
모든 고객이 동시에 모든 돈을 **인출**할 가능성은 매우 드물기 때문이죠.

대신 대부분의 은행은 얼마간의 현금을
은행의 아주 안전한 금고에 보관해요.

또 얼마간의 돈은 **중앙은행**이라고 하는
다른 은행에 보관해요.

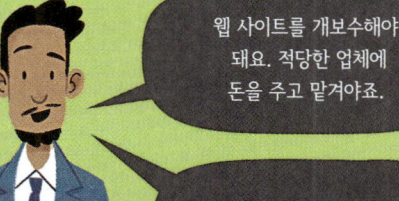

최고의 보안 시설로 범죄자를 막고 있지!

철컹

중앙은행에 대한 자세한 내용은 99쪽을 보세요.

삐삐삐

나머지는 **현금 인출기***에 넣어 고객들이 현금을 빼내어 갈 수 있게 해요.

하지만 이런 현금을 모두 합해도 우리 은행이 가진 돈의 총액의 ˚0퍼센트밖에 되지 않아요. 나머지는 이 머니라서 컴퓨터에 숫자로 저장되어 있어요.

* 영어 약자로 ATM이라고 해요.

사람들은 왜 은행을 이용하나요?

사람들은 처음에 **돼지 저금통**에 돈을 모으기 시작해도, 시간이 지나면 대개 그 돈을 은행으로 옮겨요. 이런 은행을 **일반 은행** 또는 **소액 거래 은행**이라고 해요.

그런데 왜 사람들은 현금을 집에 보관하지 않고 은행에 가나요?

그 이유는,

안전해요

은행에 맡긴 돈은 범죄의 피해를 입을 위험이 적어요. 은행의 컴퓨터는 보안이 철저해서 해커가 정보를 해킹하는 게 아주 어려워요. 은행이 현금을 보관하는 금고 주변에는 보안 카메라를 설치해서 매우 안전하죠.

기록이 남아요

은행에 돈을 예금하면 은행은 우리의 **은행 계좌**에 얼마를 쓰고 얼마를 남겼는지 기록해요. 계좌에는 여러 종류가 있어요.

다양한 방법으로 돈을 쓸 수 있어요

은행 계좌가 있으면 물건을 살 때 체크 카드나 온라인이나 휴대폰 앱으로 돈을 지불할 수 있어요. 또 현금 인출기에서 카드로 현금을 뽑을 수 있죠. 이것을 인출한다고 해요

돈이 불어나요

앞에서 말했듯이 은행은 우리가 예금한 돈을 *사용해요*. 그리고 우리의 예금을 사용한 대가로 (그리고 더 많이 예금해 달라는 의미로) 연말이나 월말에 우리 계좌에 돈을 넣어 줘요. 이 돈을 **이자**라고 해요. 그래서 많은 사람이 미래를 위해 은행에 돈을 저축해요.

좋아요, 이해됐어요. 은행에는 여러 장점이 있는 것 같네요.

돈 빌리기

무언가를 사고 싶지만 돈이 부족할 때 사람도 기업도 정부도 은행에서 돈을 **대출**받을 수 있어요.
사람들은 아주 다양한 이유로 은행에서 돈을 빌려요.

은행이 우리에게 돈을 빌려줄 때는 먼저 우리가 빌린 돈과 이자를 갚을 능력이 있는지를 확인해요. 은행이 그것을 판단하는 방법은 62쪽을 보세요.

은행은 왜 이자를 받나요?

은행은 여러 가지 이유로 이자를 받아요. 그것은 은행이 돈을 버는 가장 큰 방법이에요.
또 일이 잘못될 경우를 위한 대비책이기도 하지요. 대출금의 이자는 돈을 갚지 않는 사람들 때문에 생기는 손해를 메꾸어 줘요. 그리고 또 한 가지 큰 이유가 있어요.
이자는 돈이 시간이 지나면서 가치를 잃는 일을 막아 줘요. 자세한 내용은 98쪽을 보세요.

은행은 어떻게 돈을 만드나요?

사람들이 은행에 대해 사용하는 또 한 가지 오해하기 쉬운 말은 *빌린다*는 말이에요.
은행은 *가지고 있는* 돈을 빌려주는 것이 아니라, 빌려줄 돈을 마술처럼 **만들어 내요**.
그 방법을 알아보아요.

잭은 사업을 시작하기 위해 은행에서 5만 달러를 대출받고 싶어요.

은행은 잭의 대출 지원서를 검토한 뒤, 사업 모델이 괜찮다고 판단하고 돈을 빌려주기로 해요.

은행은 컴퓨터에 5만 달러를 입력하고, 잭의 계좌에 5만 달러를 넣어서 새로운 이 머니를 만들어요.
반면 은행의 돈에서는 5만 달러가 빠져나갔다고 기록하죠.

+5만 달러와 -5만 달러는 컴퓨터의 숫자일 뿐이에요. 은행은 잭이 돈을 갚을 때마다 숫자를 줄이고,
이런 일을 잭이 돈을 다 갚을 때까지 계속해요. 잭은 사업을 시작할 5만 달러가 생겼어요.
그리고 바이오보틀을 팔아서 번 돈으로 잭은 은행에 돈을 갚을 수 있어요.

위험한 전술?

은행에 있는 돈의 97퍼센트 정도가 이런 식으로 만들어져요. 그것은 사람들 은행 계좌의 숫자로, 은행 자신의 계좌에는 부채로 존재하죠. 그 나머지가 정부가 만든 현금이에요.

하지만 현금보다 이 머니가 더 많고, 모두가 동시에 돈을 찾으려고 하면 어떻게 되나요?

세상 사람들 모두가 한번에 예금을 전부 **빼내** 가는 일은 일어나지 않아요. 이런 일이 세계적인 규모로 일어난 적은 없어요. 사람들은 대부분 아주 적은 금액의 현금만을 빼내요. 하지만 개별 은행에서 그런 일이 일어난 적은 있어요.

많은 사람이 동시에 예금을 인출하는 것을 **뱅크 런**이라고 해요. 은행은 현금이 떨어지면 제대로 운영할 수 없어요. 예금자들의 돈을 돌려줄 수 없기 때문이죠. 그러면 사람들은 은행을 신뢰할 수 없게 되어서 그 은행에 돈을 예금하지 않아요. 은행은 쓸 돈이 거의 없어지게 되는 거지요.

뱅크 런을 막으려면 어떻게 해야 할까요?

현금을 빌리기
현금이 부족해진 은행은 다른 은행에서 돈을 빌릴 수 있어요.

인출을 제한하기
은행은 사람들이 하루에 일정 액수 이상을 인출하지 못하게 할 수 있어요.

예금 보험을 들기
어떤 정부는 은행이 예금자들의 돈을 주지 못하면 정부가 주겠다고 약속을 해요. 그러면 은행에 현금이 부족해져도 사람들이 크게 걱정하지 않지요.

다른 종류의 은행

모든 일반 은행이 앞서 소개한 방식으로 운영되는 것은 아니에요. 전 세계에서 운영 중인 **이슬람 은행**은 사람들이 원하는 물건을 사게 도와주면서 다른 방식으로 수익을 내요. 여기서 중요한 차이는 이자를 매기는 방식이에요.

이슬람 전통은 이자를 부도덕한 것으로 여겨요. 시간이 지날수록 불어나서 돈을 빌린 사람에게 부당한 압력을 주기 때문이죠.

이슬람 은행이 이자를 매기지 않고도 수익을 내는 방법 중 하나는 *무라바하*라고 해요. 무라바하란 아래와 같은 방법이에요.

이러한 방식으로 고객과 은행은 고정된 가격을 결정해요. 은행은 수익을 얻지만, 이자는 없고 부채는 늘어나지 않죠.

많은 사람이 은행을 신뢰하고 정기적으로 이용하지만, 어떤 사람들은 돈을 보관하거나 빌리는 데 다른 방법을 이용하기도 해요. 대안적 방법 몇 가지를 소개할게요.

이 용어들의 의미를 알아보아요.

크라우드 펀딩은 일반 대중에게 대개는 웹 사이트를 통해서 어떤 아이디어를 소개하고, 그것이 좋은 아이디어라고 생각하는 사람들이 돈을 내서 그 일을 돕는 방식이에요. 이때는 그 계획이 이루어지면 무슨 대가를 줄지 약속해야 해요.
예를 들어, 위 사례의 경우에는 영화를 담은 DVD를 줄 수 있죠. 돈이 충분히 모이지 않으면 대개 돈을 모두 돌려줘요.

신용 조합은 작고 단순한 은행과 비슷해요. 이곳의 고객은 고객이 아니라 *조합원*이라서 모두 조합 운영에 참여할 수 있어요. 조합원이 돈을 빌리고 싶으면, 조합은 다른 조합원의 예금에서 돈을 빌려주고, 보통의 은행보다 낮은 이자를 매겨요.

개인간 대출은 돈을 빌려주려는 사람과 돈을 빌리려는 사람을 연결해 주는 회사예요. 빌려주는 사람은 빌리는 사람들의 요청을 보고 빌려줄 대상을 선택할 수 있어요. 빌려주는 사람은 은행만큼 많은 이자를 매기지 않아요. 직원 임금이나 회사 운영비 같은 추가 비용이 들지 않으니까요.

역외 금융

기업이나 사람들이 돈을 벌면, 일부를 정부에 **세금**으로 내야 해요. 하지만 어떤 정부에 세금을 내야 할까요? 어떤 사람들은 세금을 피하려고 세금이 적은 나라에 은행 계좌를 둬요. 그런 나라를 **역외 조세 피난처**라고 해요.

부유한 사업가이자 투자자인 드니즈는 세금이 너무 많다고 생각해요.

드니즈가 조세 피난처에 페이퍼 컴퍼니를 만들면, 그 나라에 회사의 은행 계좌를 만들 수 있어요. 그러면 투자로 번 돈을 그 계좌에 바로 넣을 수 있지요. 결국 드니즈가 그곳에서 돈을 번 것처럼 세금이 매겨져 드니즈의 세금이 **훨씬** 줄어들 거예요.

유명한 조세 피난처로는 카리브해의 케이먼 제도와 프랑스와 영국 사이의 채널 제도가 있어요. 조세 피난처들은 흔히 큰 비난을 받는데, 그 이유는 다음과 같아요.

조세 피난처를 없애자

- 전 세계 정부는 해마다 7,000억 달러의 조세 수입을 손해 봐요.
- 정부가 세금을 많이 걷으면, 어려운 사람들에게 돈을 더 많이 쓸 수 있어요.
- 하지만 기업과 투자자들도 어려운 사람들을 돕고 있어요. 내가 투자할 돈이 많아지면, 내가 투자하는 기업들도 더 많은 돈으로 일자리를 창출하거나 제품 가격을 낮출 수 있어요.
- 흠, 그게 맞다고 해도 그건 공정하지 않아요. 나도 세금을 내는데, 부자나 대기업들이 왜 세금을 안 내요?
- 당신도 낼 필요 없어요! 개인적으로 나는 모두의 세금을 줄여 주는 정부를 지지해요.
- 그러면 정부가 무슨 돈으로 학교나 도로 같은 걸 지을 수 있다고 생각하는 거죠?

- 조세 피난처에 있는 역외 은행은 예금자의 신원이나 입출금 내역을 비밀로 하는 경우가 많아요.
- 어떤 역외 은행은 예금자들의 돈이 어디서 오는지, 또 어떻게 쓰는지 확인하지 않는다고 들었어요.
- 그게 대체로 사실이고, 또 그건 좋은 일이에요. 돈이 어디서 나오는지 확인하는 건 고객의 개인 정보를 침해하는 일이니까요.
- 하지만 그걸 전혀 확인하지 않으면 범죄자들이 훔친 돈을 감추기가 쉬워져요. 그리고 테러리스트들도 조세 피난처를 통해서 전쟁과 테러 자금을 모은다고 하잖아요.
- 하지만 그런 일은 아주 드물어요. 은행의 문을 닫으면 그런 일을 막을 수 있을까요? 게다가 우리는 위험한 상황에 놓인 사람들에게 범죄자나 테러리스트를 피해서 돈을 안전하게 보관해 주기도 해요.
- 확인도 안 하면서 그런 일이 드문지 어떻게 알아요?

어떤 연구자들은 전 세계 부의 10퍼센트가량이 조세 피난처의 은행 계좌에 있다고 추정해요. 그것을 전 세계 모든 사람에게 나누어 준다면 모두가 천 달러 이상을 가질 수 있죠. 어떤 지역에서는 그 돈이 사람들의 일 년 수입보다도 많은 돈이에요.

알려지지 않은 은행

투자 은행이라고 하는 다른 종류의 은행이 있어요. 우리가 일상생활에서 이 은행을 이용할 일은 별로 없어요. 투자 은행 대부분은 큰 도시의 고층 빌딩에 있고 아주 중요한 일을 해요. 투자 은행가 돈이 아주 많이 드는 사업을 하는 데 필요한 자금을 지원해 줘요.

투자 은행은 기업에게 아래 방법 중에서 선택하라고 제안할 수 있어요.

병원용 로봇을 만드는 로보닥이라는 기업이 있다고 생각해 봐요. 이 회사는 규모를 키워서 로봇을 더 많이 만들기 위해 지금 지원이 필요하지만, 어디서 돈을 구해야 할지 잘 알지 못해요.

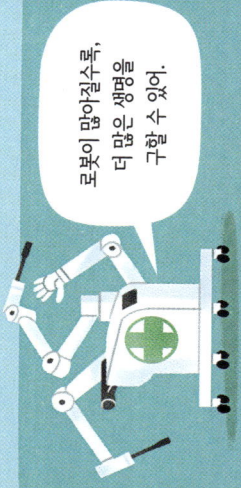

로봇이 많아질수록 더 많은 생명을 구할 수 있어.

기업은 자신의 소득으로 주식, 채권, 파생 상품, 부채를 사서 돈을 벌 수 있어요.

이것을 대체로 기업이 주식을 살 사람을 찾는 것을 말해요. 이후에 이 주식은 다른 투자자들에게 사고팔 수 있죠.

투자해요!

투자자를 찾아요!

JP 투자 은행

은행에서 빌려요!

다른 기업을 사요!

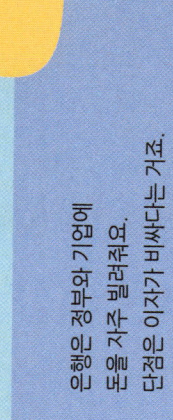

은행은 정부와 기업에 돈을 자주 빌려줘요. 단점은 이자가 비싸다는 거죠.

때로 기업도 사고팔아요. 기업을 사는 데는 돈이 들지만, 더 많은 사람과 더 많은 자원으로 제품을 만들 수 있어요.

위기의 은행

은행은 사람들에게 도움을 주지만, 운영을 잘못하면 사회에 위험을 안길 수도 있어요. 2008년에 국제적 금융 위기가 일어났는데, 이 위기에는 일반 은행과 투자 은행들이 핵심적 역할을 했어요. 그때 일어난 일을 단순하게 설명하면 다음과 같아요.

미국의 일반 은행들은 돈을 더 벌려고 점점 많은 사람에게 담보 대출을 제공했어요. 그중 많은 사람이 대출금과 이자를 갚기 어려운 사람들이었어요.

은행들은 이것이 위험하다는 것을 알았어요. 사람들이 돈을 갚지 못하면, 은행은 손해를 보니까요. 그래서 나쁜 부채를 다른 기관, 대체로 투자 은행에 팔았어요.

이제 돈을 빌린 사람들이 대출금을 갚으면, 그 돈은 부채를 산 투자 은행으로 갔어요.

투자 은행도 이 부채가 위험하다는 것을 알았어요. 그래서 담보 대출 상환을 안전한 다른 부채와 함께 묶어서 투자자들에게 팔았지요. 이런 일은 때로는 불법이에요.

투자 은행과 투자자들은 담보 대출 상환을 통해서 매달 많은 수익을 얻었어요. 담보 대출을 받는 사람이 늘어날수록, 이 수익은 더 커졌지요.

이 제도는 문제없이 돌아가는 것 같았어요. 집값은 계속 올라갔죠. 사람들은 자신들이 산 것보다 비싼 값에 옛집을 팔아 담보 대출을 갚고, 새 담보 대출을 내서 더 비싼 집을 샀어요.

하지만 어느덧 집값 상승이 멈추었고, 집을 팔아서 담보 대출을 갚는 길이 막혀 버렸어요. 수많은 사람이 부채를 갚을 수 없게 되었죠.

이것은 사회적 재난이 됐어요. 일반 은행은 투자 은행에 부채를 팔 수 없었어요. 투자 은행은 투자자들에게 줄 상환금이 없었죠. 이 연쇄 고리 안에서 모두가 손해를 보고, 서로를 믿지 못하게 됐어요. 그 결과는 참담했어요.

쓸 돈이 줄어들었어요. 많은 사람이 일자리를 잃었고, 생필품조차 살 수 없게 됐어요. 이런 일이 오랫동안 큰 규모로 일어나는 것을 **불황**이라고 해요. 이것은 대형 불황이었어요.

그 당시 전 세계의 은행과 투자자가 연관되어 있어서, 이 불황은 미국을 넘어 다른 나라들로 퍼졌어요. 그 결과 수십억 명이 영향을 받았죠.

은행에 대한 분노

2008년 중반, 어떤 은행들은 손해가 너무 커서 문을 닫아야 했어요. 또 어떤 은행은 돈 빌려주는 일을 중단해서, 사람들이 돈을 빌릴 수 없었어요. 어떤 은행은 정부가 많은 세금을 들여서 망하기 직전에 살렸어요. 이 일에 대해 사람들은 분노했죠.

> 탐욕스러운 은행의 어리석은 실수에 왜 우리 돈을 쓰는 거죠?

> 정부는 우리 회사가 망했을 때는 도와주지 않았어요. 은행은 뭐가 그렇게 특별한 겁니까?

> 은행이 경영을 엉망으로 할 때마다 정부가 도와주면 그들이 교훈을 얻겠어요? 계속 어리석은 행동을 할 거예요!

정부가 기업에 돈을 주어서 기업을 살리는 일을 **긴급 구제**라고 해요.

긴급 구제할 것은 은행이 아니라 사람이다!

많은 사람이 긴급 구제에 분노했지만, 모두가 그 일에 반대한 것은 아니에요.

> 우리 세금으로 은행만 구한 건 아니에요. 은행에서 돈을 빌리고, 또 노후를 위해 저축하는 평범한 사람들도 구한 거죠.

> 공정하지 않아 보이지만, 은행은 살려야 해. 아니면 기업이 연쇄적으로 망할 테니까. 긴급 구제는 그런 일을 막는 가장 빠른 방법이야!

> 많은 기업이 은행 대출을 받아서 직원 임금을 줘요. 정부가 빠르게 대처하지 않았다면, 얼마나 많은 사람이 일자리를 잃었을지 몰라요. 사회 전체가 붕괴됐을 수도 있고요!

위기의 원인은 분명하지 않았지만, 많은 사람이 은행과 은행가들에게 분노의 화살을 돌렸어요.

이 사기꾼들은 위기를 일으키고, 거짓말하고, 사기를 치더니, 처벌도 안 받고 오히려 보너스를 받는다고?

우리는 정의를 원한다!

보너스 도둑

여러 명의 고위 은행가가 법을 어겼지만, 미국 은행가 중에 감옥에 간 것은 한 명뿐이었어요. 다른 은행가들의 잘못은 증명하기 어려웠죠.

어떤 은행가는 큰 금액의 긴급 구제 자금을 위기 해결에 쓰지 않고 자기 주머니에 챙겼어요.

규칙을 바꾸어라!

누구를 비난할 것인가?

모든 은행가가 위기를 불러일으킨 것은 아니에요. 책임이 있는 사람은 일반 은행 및 투자 은행의 최고위 은행가 몇몇이죠. 이 사람들이 위험을 감수한 것은 이를 막는 장치가 없었기 때문이에요.

미국 정부도 위기에 책임이 있다! 은행이 할 수 있는 일과 할 수 없는 일에 대한 규칙을 만든 게 정부니까. 정부는 은행에 너무 많은 자유를 주었다!

또 다른 위기를 막기 위해서 많은 정부가 은행이 과도한 모험을 하지 못하게 하는 새로운 규칙을 만들었어요.

역사는 반복될까?

아마도 그렇겠지만, 그 시기와 방식은 아무도 몰라요. 영국 중앙은행의 웹 사이트에는 이렇게 적혀 있어요. "역사를 보면, 금융 위기에 관해 확실한 것은 두 가지다. 그것은 또 온다는 것, 하지만 다음 위기는 지난번 것과 다르다는 것."
은행이 돌아가는 방식을 이해하고, 은행이 하는 일을 감시하면 2008년의 금융 위기처럼 큰 위기가 일어날 확률을 줄일 수 있어요.

제4장
돈을 벌고 빌리는 일

어떤 것을 사고 싶은데 돈이 부족했던 적이 있나요? 이 문제의 가장 흔한 해결책은 두 가지예요. 돈을 **버는** 것과 **빌리는** 것이죠.

돈을 벌기 위해 할 수 있는 일은 수백만 가지고, 버는 금액도 직업에 따라 달라져요. 하지만 돈을 아주 많이 버는 사람도 돈을 빌려야 할 때도 있어요. 돈을 빌리지 못하면 집을 사거나 사업을 시작하는 것 같은 많은 일들이 불가능해지죠.

돈 벌기

어린이나 청소년들은 **용돈**을 받지만, 어른이 되면 대부분 직업을 가지고 *스스로* 돈을 *벌어야* 해요.

어떤 직업은 평범해요.
- 나는 과학을 가르쳐요.
- 나는 버스를 운전해요.

어떤 직업은 특이해요.
- 나는 샌드위치 회사에서 샌드위치의 맛을 봐요.
- 나는 고양이를 훈련시키는 일을 해요.

교사, 버스 운전사, 샌드위치 시식가, 고양이 훈련사가 일을 하는 데는 다양한 방식이 있어요.

고양이 훈련사 케일라는 고양이 훈련 회사의 **종업원**이에요. 케일라는…

…매달 정해진 일정한 **임금**을 받고 일해요.

…매년 유급 휴가를 받지만, 매주 같은 시간을 일해야 해요.

…회사에서 일을 하는 한 돈을 받아요.

고양이 훈련사 니코는 **자영업자** 또는 **프리랜서**예요. **고객**들이 고양이를 맡길 때 그에게 돈을 줘요. 그래서 니코는…

…일을 얼마나 하느냐에 따라서 매달 다른 금액의 돈을 벌어요.

…받기로 보장된 돈이 없고, 고객을 찾아야 해요.

…유급 휴가가 없지만, 일할 날과 시간을 스스로 정할 수 있어요.

…**사업자** 등록을 하고, 종업원을 고용할 수도 있어요.

직업 찾기

대부분의 사람은 돈을 많이 버는 직업을 갖고 싶어 해요. 하지만 직업을 찾을 때는 돈 말고 다른 것들도 생각해야 해요.

나는 여행을 좋아해서 비행기 승무원이 되었어요. 매주 세계 곳곳을 여행하면서 돈도 벌어요. 최고죠!

나는 프리랜서 웹 디자이너예요. 컴퓨터 프로그래머 교육을 받아서 필요한 능력을 갖췄어요. 프리랜서로 일하기 때문에 아이들을 학교에서 데려올 수 있지요.

나는 정치인이에요. 나는 야심이 많아 나라를 발전시키는 직업을 갖고 싶었어요.

일을 시작하기 전에 **종업원**과 **고용주**는 무슨 일을 하는지에 대해 서로 합의해야 해요. 합의가 이루어지면 대개 **계약서**에 함께 서명을 하죠.

계약서

계약서에는 다음 사항들이 적혀 있어요.

— 종업원이 받을 임금
— 종업원이 일할 시간
— 종업원이 받을 휴가
— 종업원이 아플 때 어떻게 할지.

고용주의 서명

종업원의 서명

계약 내용이 부당하다고 생각하면 더 좋은 조건을 요구(**협상**)할 수도 있어요. 최고의 협상 방법에 대해서는 118쪽을 보세요.

높은 임금, 낮은 임금

사람들의 임금은 천차만별이에요. 공정해 보이지 않더라도 현실이 그러해요.
예를 들어, 특급 축구 선수는 농장 일꾼보다 훨씬 큰돈을 받아요.
이것은 임금이 그 기술을 원하는 고용주의 수(**수요**)와 기술이 희귀한 정도(**공급**)에 따라 달라지기 때문이죠. 그 예를 알아봐요.

어디까지 내려가나요?

많은 정부가 노동자를 보호하기 위해서 고용주가 임금을 특정 금액 이하로 주는 것을 법으로 금지해요. 이것을 **최저 임금**이라고 해요. 최저 임금은 대개 음식이나 옷 같은 생필품 가격이 낮은 나라일수록 적어요.

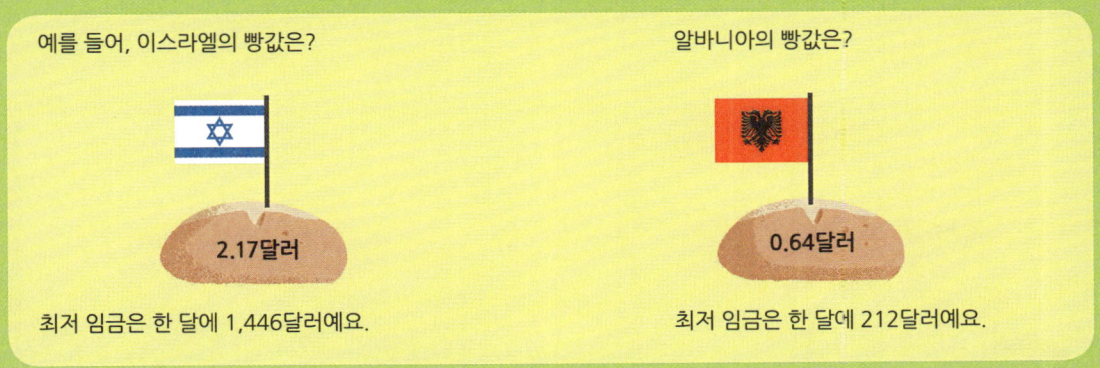

예를 들어, 이스라엘의 빵값은? 2.17달러
최저 임금은 한 달에 1,446달러예요.

알바니아의 빵값은? 0.64달러
최저 임금은 한 달에 212달러예요.

경제학자와 정치인들은 최저 임금이 정말로 시민을 보호하는지에 대해서 의견이 갈려요.

한편에서는,
나는 최저 임금에 감사해. 우리 고용주가 임금을 최저 임금보다 적게 준다면 나는 가난하게 살 거야.

또 한편으로는,
우리 도시도 최저 임금제가 실행됐는데, 많은 회사가 사람을 더 쓸 돈이 없어서 채용을 중단했어. 그래서 나도 취직이 안 돼.

많은 고용주가 최저 임금 이상의 돈을 줘요. 돈을 더 주어야 좋은 직원을 구할 수 있다고 생각하기 때문이죠. 하지만 종업원들이 임금을 더 많이 받기 위해 노력해야 할 때도 있어요. 그 방법에는 몇 가지가 있어요.

노동조합에 가입하기

노동조합은 노동자들의 단체예요. 노동자들의 권리를 지키기 위해 교섭이나 파업 같은 활동을 통해서 고용주에게 임금 인상, 노동 조건 개선, 공정한 대우를 요구해요.

미디어에 알리기

예를 들어, 만약 여자가 남자와 똑같은 일을 하는데도 임금을 적게 받으면, 신문사에 알릴 수 있어요. 공개적으로 비난을 받으면 고용주들은 운영 방식을 바꾸기도 하죠.

도움의 손길

은행이나 대부 회사에서 돈을 **빌리는** 방법은 여러 가지예요. 사람들에게 돈이 부족한 다양한 상황에 맞추어 여러 방법이 있지요.

적은 돈 빌리기

돈이 생기기 전에 무언가를 사야 할 필요가 있으면, **신용 카드**를 사용할 수 있어요.

신용 카드를 사용하면 은행 또는 신용 카드 회사가 사람들이 구매한 물건 값을 대신 내줘요. 사람들은 대개 60일 이내에 그 돈을 갚아요.

외국의 경우, 많은 은행이 은행 계좌에 들어 있는 돈보다 더 많은 돈을 꺼내 쓸 수 있게 허락해요. 이것을 **초과 인출**이라고 하는데, 이후에 그 돈에 이자를 붙여서 갚아야 해요.

학생 계좌 같은 몇몇 은행 계좌에는 초과 인출에도 이자가 붙지 않지만, 인출 금액에 한계가 있어요.

큰돈 빌리기

예를 들어, 두 사람이 아무도 쓰지 않는 큰 창고를 발견했어요.

"너도 나랑 똑같은 생각을 해?"

"이 창고가 초콜릿 공장을 차리기 위한 최고의 장소라는 거?"

"맞아."

하지만 두 사람은 창고를 빌리고, 초콜릿 기계를 사고, 직원을 고용할 돈이 없어요. 그래서 은행이나 대부 회사에서 **대출**을 신청해야 해요.

일주일 후,

"우리는 초콜릿 공장을 차리고 싶어요. 5년치 사업 계획을 세웠지만 시작할 돈이 필요해요."

"좋군요. 도와드릴 방법을 찾아보죠."

빌려주는 사람은 돈을 빌리는 사람이 나중에 대출금과 이자를 갚을 수 있을지 살펴봐요.

대출 승인이 나면, 빌리는 쪽과 빌려주는 쪽은 계약서에 서명을 해요. 계약서에 적는 것은 다음과 같아요.

- 빌리는 금액
- 대출금 전체를 갚을 기한
- 이자의 금액 (이자에 대해 자세한 내용은 다음 쪽을 보세요.)

"만약 무슨 일이 생겨서 돈을 갚을 수 없게 되면 어떻게 하나요?"

"그러면 우리가 회사의 기계를 전부 가져올 거예요. 남은 초콜릿도요."

"이런."

사람들은 돈이 없으면 때로 개인 소유물로 돈을 갚아요. 이것을 **담보물로 변제**한다고 해요.

돈을 갚기

돈을 빌리면 대체로 이자를 주어야 해요. 그 금액은 **이자율**에 따라 달라져요.
이자율은 빌린 금액의 일정 퍼센트예요. 여기 이자가 정해지는 간단한 예를 함께 봐요.

우리는 이 중고 캠핑카를 사고 싶어.

가격이 1만 달러라서 대출을 신청했어.

그린트리 은행이 이들에게 1만 달러를 빌려주고, 1년 동안 나누어 받겠다고 했어요.

빵빵

하지만 은행도 수익을 내야 하니까, 5퍼센트의 이자율을 매기겠어요.

10,000달러의 5퍼센트는 500달러예요.

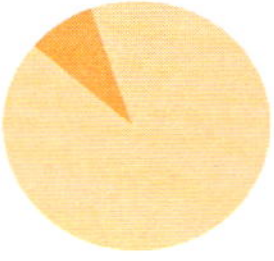

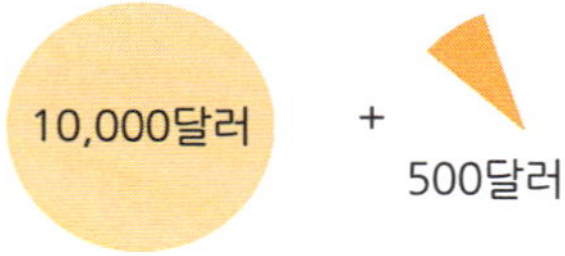

10,000달러 + 500달러 = 10,500달러

캠핑카 구매자가 갚아야 하는 총액이에요.

대출을 받으면, 이자까지 포함해서 빌린 돈을 모두 갚아야 그 물건의 완전한 **소유권**을 갖게 돼요.
(하지만 그 사이에 이미 그 물건을 사용할 수 있어요.)

1년 후,

휴, 이제 빚을 다 갚았다! 이 캠핑카는 이제 완전히 우리 거야.

기념 여행을 떠나자.

대출금을 갚는 데는 때로 몇 십 년도 걸려요. 이것은 집을 살 때처럼 대출금이 아주 큰 경우일 때도 있지만,
은행이 장기 대출을 좋아하기 때문이기도 해요. 정기적으로 돈을 상환하는 장기 대출은 은행의 꾸준한 수입이 돼요.

불어나는 이자

사람들은 대체로 다달이 이자까지 포함해서 빌린 돈을 갚아요. 돈을 제때에 갚지 못하면 처음 금액보다 훨씬 더 많은 돈을 내야 할 수도 있어요. *갚지 않은* 이자에도 이자가 붙기 때문이죠. 이렇게 부채를 갚지 않으면, 이자는 다달이 커져요. 눈덩이를 굴리면 시간이 지날수록 눈덩이가 더 빠른 속도로 커지는 것과 비슷해요.

엘라는 월말에 신용 카드 회사에 5,000달러와 10퍼센트의 이자를 갚아야 해요.

5,000달러의 10퍼센트는 **500달러**니까, 엘라는 5,500달러를 갚아야 하죠.

만약 엘라가 다음 달 말에도 그 돈을 갚지 못하면 5,500달러에 10퍼센트 이자가 또 붙어요.

5,500달러의 10퍼센트는 **550달러**예요. 이제 엘라는 6,050달러를 갚아야 해요.

이자의 금액은 달이 갈수록 점점 커져요.

이것을 **복리**라고 해요.

오랜 세월 동안 빚에 복리가 붙으면, 그 결과 놀라울 만큼 금액이 엄청나게 커져요. 하지만 복리는 좋은 점도 있어요. 대부분의 예금 계좌는 복리로 *이자를 줘요*. 우리가 예금 계좌에 돈을 넣어두고 찾아 쓰지 않으면 예금액은 해마다 점점 더 큰 규모로 늘어나죠.

독일 출신의 과학자이자 사상가인 알베르트 아인슈타인은 복리에 대해서 이렇게 말했대요.

복리를 이해하는 자는 복리를 벌고, 복리를 이해하지 못하는 자는 복리를 갚는다.

신용 등급

은행과 대부 회사가 신청하는 모든 사람에게 돈을 빌려주지는 않아요. 어떤 사람들은 돈을 갚지 못할 가능성이 높기 때문이에요. 은행은 대출을 해 주었을 때 갚지 못할 가능성을 파악하기 위해 **신용 등급**이라는 점수 체계를 사용해요.

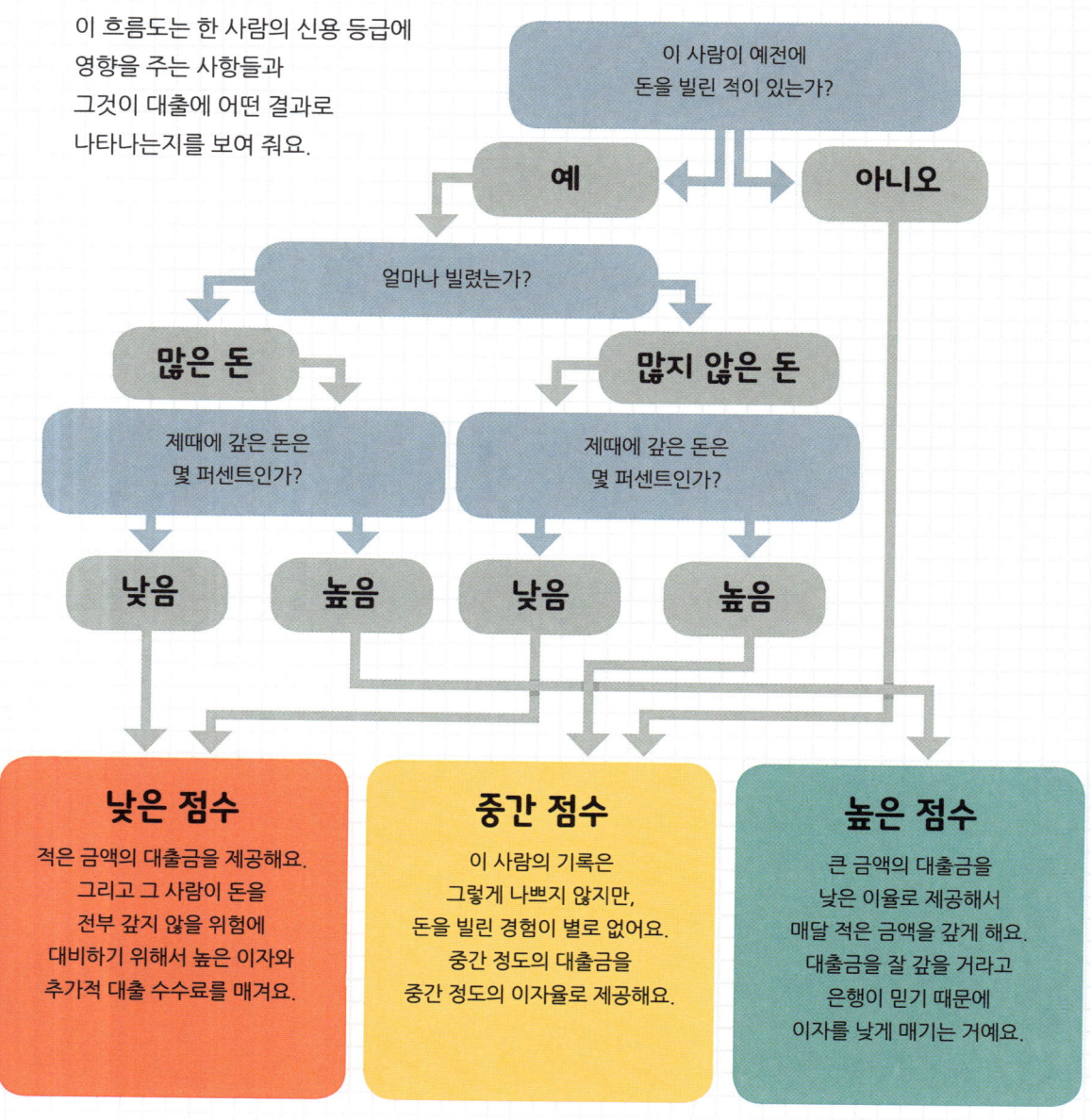

점수는 그 사람이 이미 갖고 있는 부채가 얼마인지, 집세나 다른 요금을 얼마나 잘 내고 있는지도 반영해요.

은행들은 신용 등급 제도를 좋아해요. 누구에게 돈을 빌려줘야 할지 결정하는 데 도움이 되기 때문이죠. 하지만 어떤 사람들은 이 제도에 반대해요. 부유한 사람이 더 쉽게 큰돈을 빌리고, 가난한 사람은 돈을 빌리기 어렵게 만들기 때문이죠.

나는 부자라서 돈을 빌릴 필요가 별로 없지만, 가끔 빌리면 제때에 갚을 수 있어요. 많이 빌릴수록 내 신용 등급은 올라가지요.

나는 돈을 잘 벌지 못해서 돈을 빌려야 할 일이 생길 가능성이 높아요.

하지만 나는 소득이 적어서 제때에 갚지 못할 가능성이 높고, 그러면 점수가 낮아져서 더 높은 이자와 수수료를 내게 되죠.

그래서 나는 같은 금액을 빌려도 부자들보다 더 큰돈을 갚아야 해요. 이건 부당해요!

은행은 점수가 아주 낮은 사람에게는 아예 돈을 빌려주지 않아요. 신용 등급이 낮은 사람들은 때로 **고리대금업**을 하는 불법 대부 업체를 찾아가기도 하죠. 그들은 신용 등급에 상관없이 돈을 빌려주지만, 불법 대부 업체에서 돈을 빌리는 것은 여러 가지로 바람직하지 않아요. 그 이유는 다음과 같아요.

엄청나게 높은 이자

불법 대부 업체는 때로 사람들이 대출금을 갚을 수 없을 만큼 엄청난 이자를 물려요.

빌린 돈 500달러가 순전히 이자 때문에 1만 5,000달러로 불어났어요!

압박

사람들이 이자가 너무 높아서 돈을 갚지 못하면 불법 대부 업체는 새로 대출을 받아서 본래의 대출금을 갚으라고 해요. 이런 경우 새로운 대출은 대체로 첫 번째 대출보다도 이자가 훨씬 더 높아요.

협박

불법 대부 업체는 돈을 빌린 사람들의 집을 찾아가서 돈을 갚으라고 협박하는 것으로 유명해요. 또한 돈을 갚지 못하는 사람에게 폭력을 행사하기도 하죠.

빛 관리하기

돈을 빌린 사람들은 대체로 돈을 갚아요. 하지만 사람에게는 누구나 예상치 못한 일이 생길 수 있고, 그로 인해 부채가 손쓸 수 없이 커지기도 해요. 하지만 빚이 대책 없이 늘어날 때에도 탈출 방법이 있어요.

금요일 09:37

http://www.tims-money-tips.com/

팀
재무 상담

20년 동안 전문 경험을 쌓았습니다.
돈 관리 문제에 대해서는 믿으셔도 좋습니다!

적은 금액으로 천천히 갚기

빌려준 사람과 상의해서
돈을 더 적은 금액으로 나누어서
더 오랜 시간 동안 갚을 수 있는지 알아봐요.

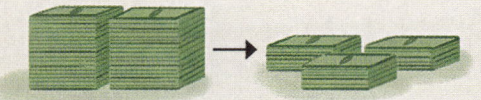

채무 동결

빌려준 사람들은 항상
돈을 돌려받고 싶어 하지만
때로는 기다려 줄 수도 있어요.
한두 달 정도 상환을
미룰 수 있는지 물어봐요.

한데 묶기

어떤 이들은 동시에 여러 곳에
빚을 져요. 그러면 부채 관리에
어려움이 생길 수 있어요.
그럴 때는 큰 대출을 받아서
그 부채들을 모두 갚는 것도
한 가지 방법이에요. 그러면
관리하는 일이 더 쉬워지죠.

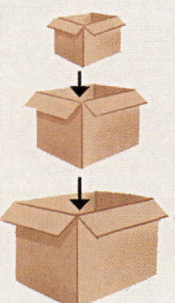

탕감하기

빚을 진 사람이 돈을
갚을 방법이 없으면, 돈을
빌려준 사람이 부채 일부를
없애 주기도 해요. 그들은
아무것도 못 받는 것보다는
일부라도 받기를 원하죠.
이렇게 부채를 덜어 주는
일을 *탕감*이라고 해요.

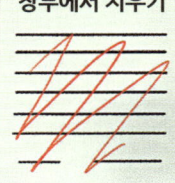

도움을 요청하기

어떤 지방 정부는 부채 문제가
심각한 사람들에게 돈을 주기도 해요.

제가 늘 여러분 옆에서
도와드리겠습니다.

마지막 수단

부채가 너무 많아서 갚을 방법이 없으면 **파산**을 신청할 수 있어요. 그러면 그 사람의 부채는 모두 탕감돼요. 하지만 파산 신청은 마지막 수단이에요. 파산을 하면 스트레스를 줄일 수 있지만, 담보물로 최대한 많은 액수를 갚아야 하기도 해요. 또 다음에는 돈을 빌리기도 어렵고 취직하는 데도 장애가 돼요.

불법 소득

돈은 많은 범죄의 주요 원인이 돼요. 소매치기부터 세금을 피하려고 소득을 속이는 일까지 다양하죠. 여기에 돈을 훔치려고 시도한 몇 가지 범죄 사례들이 있어요.

절도

절도는 다른 사람의 물건을 허락 없이 가져가는 것으로, 때로는 폭력도 사용해요. 은행 강도도 절도에 속해요.

사기

사기는 범죄자가 속임수를 써서 다른 사람의 돈을 빼앗거나, 불법적으로 사용하는 거예요. 예를 들어 **횡령**은 기업이 관리하라고 맡긴 돈을 자기 주머니에 넣는 일을 말해요.

돈 세탁도 사기의 일종이에요. 이것은 불법으로 번 돈을 합법적으로 번 것처럼 꾸미는 일을 말해요.

피싱은 다른 사람에게 가짜 웹 사이트 링크 등을 보내서 돈 또는 은행 계좌 같은 중요한 개인 정보를 빼내는 일을 말해요.

2017년에 캐나다의 한 대학 직원들이 이메일을 받았는데, 그 내용은 대학이 돈을 빌린 회사가 은행 계좌를 바꾸었다는 것이었어요.

그 이메일은 진짜 같았어요.

회사도 진짜 같았어요.

대학 직원들은 그 계좌로 800만 달러 이상을 보냈지만, 그것은 사기꾼의 계좌였어요.

그런 일을 겪은 뒤로 우리는 훨씬 더 조심하고 있어요.

카드 사기는 다른 사람의 체크 카드나 신용 카드 정보를 불법으로 알아내서 돈을 훔치거나 그 카드 정보를 다른 사람에게 파는 일을 말해요. 2007년, 런던에서 두 사람이 현금 인출기 옆에 몰래카메라를 설치해서 그 현금 인출기를 사용하는 사람들의 비밀번호 등을 수집했어요. 1만 9,000명 이상의 카드 정보를 수집했죠.

우리는 공장에서 가짜 신용 카드를 만들어서 그걸로 현금도 인출하고 물건도 구입했어요. 우리가 훔친 돈을 다 합하면 2,000만 달러도 넘어요.

잡히지 않을 수 있었는데!

온라인의 금융 보안

현실 세계에서 일어나는 사기, 절도는 온라인에서도 일어날 수 있어요. 그러므로 온라인으로 쇼핑을 하거나 정보를 넘겨줄 때는 항상 주의해야 해요.

기업이 우리에게 온라인으로 돈을 쓰게 만드는 방법은 몇 가지 있어요.

무료 사용
많은 웹 사이트와 앱이 처음에는 무료로 사용해 보게 해요. 하지만 무료 기간이 끝나면, 자동적으로 요금이 부과되는 경우가 많아요.

'가상' 현금
게임 세계에서 '가상' 현금으로 무언가를 살 때 실제 돈이 결제되는 경우가 있어요.

추가 요금
어떤 게임이나 앱은 특정 지점까지는 공짜지만, 새로운 레벨로 가거나 새로운 기능을 추가할 때는 요금을 부과해요.

이런 방법으로 과소비를 이끌어 내는 것은 속임수 같아 보이지만, 법에 어긋나는 일은 아니에요. 하지만 사람들을 속여서 개인 정보를 얻어 내는 것은 불법이에요. 이것이 **피싱**이에요. 피싱 범죄자들은 불법으로 얻은 정보로 사람들의 돈을 빼내요. 여기 몇 가지 피싱의 사례가 있어요.

공식 웹 사이트
해커들은 공식 웹 사이트와 똑같이 생긴 가짜 웹 사이트를 만들어서 사람들의 아이디와 신용 카드 정보를 빼내요.

의심스러운 웹 사이트

낯선 형식의 웹 주소

개인 정보 요구

팝업

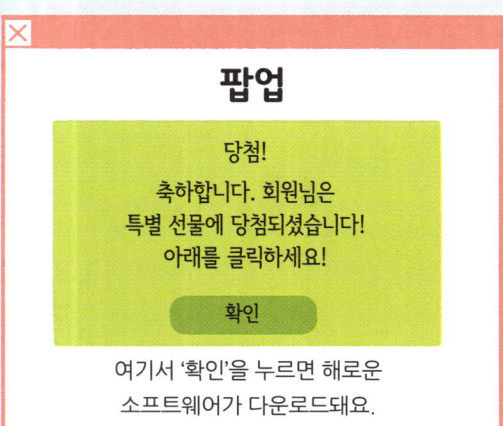

여기서 '확인'을 누르면 해로운 소프트웨어가 다운로드돼요.

메시지 속 링크
문자 메시지나 이메일에 담겨 온 링크는 우리 정보를 요구하는 웹 페이지로 이어질 수 있어요.

안전을 위한 주의 사항

모든 링크와 팝업이 해로운 것은 아니지만, 때로는 판단하기가 어려워요. 속임수에 당하지 않기 위해서 몇 가지 주의 사항이 있어요.

게임을 하려고 비밀번호를 입력할 때 자기도 모르게 결제 정보에 동의하는 경우도 있어요. 그러니까 잘 확인하고 진행해야 해요.

안전한 비밀번호를 만들고 규칙적으로 바꿔 줘요.

개인 정보를 함부로 알려 주지 않아요.

모르는 사람이 보낸 링크나 첨부 파일은 클릭하지 않아요.

안전한 비밀번호
문장을 하나 떠올리고 그 앞 글자만 따서 비밀번호로 쓸 수도 있어요. 예를 들어 'There is no place like home' (집보다 나은 곳은 없다) 같은 문장으로 TiNpLh123같은 비밀번호를 만들 수 있어요.

가격이나 상품, 기회가 너무 좋아 보인다면 사기일 가능성이 높아요.

나 또는 가족의 정보가 도난 당하거나 유출되었다고 생각하면, 상담을 해서 도움을 청해요.

서두르지 마세요. 서둘러 내린 결정이나 구매한 물건은 나중에 후회할 가능성이 높아요.

비밀번호를 바꾸고, 계좌에서 돈이 나갔으면 은행에 바로 연락해요.

더 많은 온라인 안전에 관한 주의 사항은 어스본 바로가기(www.usborne.com/quicklinks)(3쪽 참고)를 보세요.

제5장
소비, 저축, 기부

　돈이 생기면 우리는 **소비**할 수 있어요! 하지만 돈을 전부 써 버리기 전에, 소비를 **관리**할 방법을 알아두면 좋아요. 사람들은 쉽게 과소비에 빠지는데, 지나친 낭비 습관은 우리 인생에 큰 어려움을 안겨 주기도 해요.

　돈을 전부 소비하지 않고, **저축**과 **투자**로 돈을 불릴 수도 있어요. 아니면 마음에 드는 자선 단체에 돈을 **기부**해서 다른 사람을 도울 수도 있죠.

예산 관리

우리가 가진 돈이나 버는 돈의 액수에 상관없이 돈을 어떻게 쓸지 계획하는 것이 좋아요. 한 가지 방법은 들어올 돈과 나갈 돈을 목록으로 작성하는 거예요. 이것을 **예산 관리**라고 해요. 아래 예를 살펴보세요.

어떤 사람은 일주일에 한 번, 어떤 사람은 몇 달에 한 번 예산 관리를 해요.

수입 (돈이 들어오는 항목)

월간 금전 출납 기록

수입

월급	3,600달러
인터넷 옷 판매	120달러
총계	3,720달러

월급 이외의 수입

지출 (돈이 나가는 항목)

지출

	소비 계획	쓴 돈
세금	900달러	900달러
집세+공과금	1,020달러	1,020달러
교통비	260달러	250달러
식비	200달러	300달러
여가비	940달러	830달러
저축	400달러	400달러
총계	3,720달러	3,700달러

예정된 소비 목록을 **예산**이라고 해요.

실제로 소비한 목록은 **지출 내역**이라고 해요.

이 사람은 예산 범위를 지켰어요. 수입이 지출보다 많지요. 지출이 수입보다 많으면 초과 소비라고 해요.

소비 내역을 파악하는 것은 중요해요. 예산 범위를 지킬지 알 수 있게 해 주기 때문이죠.

나는 옛날식으로 영수증을 모아서 일주일에 한 번씩 기록해.

나는 은행 계좌와 카드가 앱으로 연결돼서 지출을 자동으로 기록해 줘.

현명한 소비

예산 범위를 지키려면 정해진 만큼만 소비를 해야 해요. 사고 싶은 것을 모두 살 수 있는 사람은 거의 없어요. 현명하게 소비하고 소비를 줄이는 몇 가지 방법을 소개할게요.

알뜰 신문

2019년 5월 27일
97센트

피기뱅크 씨의 알뜰한 소비 비법

비시즌에 산다

코트나 목도리는 여름에 가격이 싸요. 필요한 계절이 닥치기 한참 전에 물건을 사요.

하지만 이걸 입으려면 몇 달을 기다려야 해.

비교하고 산다

몇 개의 상점을 둘러보고 온라인 쇼핑몰을 살펴서 원하는 상품을 더 싸게 파는 곳이 있는지 알아봐요.

쇼핑 목록을 만든다

많은 사람이 무계획적으로 물건을 사요. 그것이 꼭 나쁜 건 아니지만, 항상 그런다면 소비가 크게 늘어날 거예요. 살 물건을 미리 계획하고, 충동구매를 줄여요.

목록에 없으면 카트에 넣지 말자.

할인 쿠폰을 챙긴다

몇몇 웹 사이트는 온라인 쇼핑을 할 때 할인 쿠폰을 줘요. 물건을 사기 전에 할인 쿠폰이 있는지 항상 확인해요.

걸어 다닌다

버스를 타지 않고도 쉽게 갈 수 있는 거리라면, 걸어 다니는 것도 교통비를 아끼는 방법이에요.

초과 소비

신중하게 예산을 짜도, 흔히 계획보다 더 많은 돈을 쓰게 돼요.

때로는 필요에 의해서 초과 소비를 하죠.

차가 고장 나서 수리하는 데 큰돈이 들어갔어요.

지난달에 우리 언니네 집에 도둑이 들어서, 물건들을 다시 사느라고 돈이 엄청 많이 들었어요.

하지만 부주의로 인해 초과 소비를 할 때도 많아요. 그리고 기업들은 언제나 사람들의 소비를 부추겨요. 아래와 같은 방법으로요.

특별 할인 가격으로 사람들이 물건을 더 사게 만들어요.

2.99달러 99센트!!

기업은 사방에 자신들의 상품을 사라는 **광고**를 내걸어요.

어떤 회사는 온라인에 자기 회사 제품의 **가짜 후기**를 싣기도 해요.

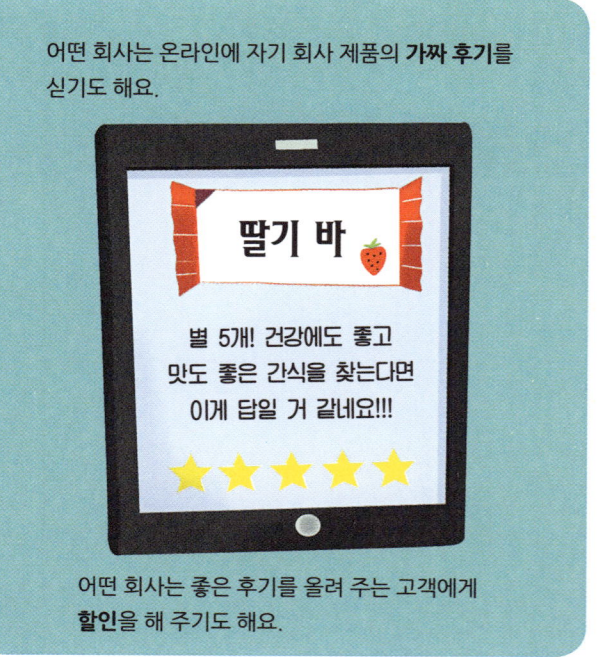

딸기 바

별 5개! 건강에도 좋고 맛도 좋은 간식을 찾는다면 이게 답일 거 같네요!!!

★★★★★

어떤 회사는 좋은 후기를 올려 주는 고객에게 **할인**을 해 주기도 해요.

사고에는 돈이 많이 들어요

사람들은 가끔 예상치 못한 일이 생겨서 큰돈을 써야 할 때도 있어요. 어떤 경우는 *다른 사람*이 수리와 복구 비용을 대 줘요. 이것이 **보험**이에요.

제이크는 새 집을 사서 집에서 일어날 수 있는 몇 가지 사고에 *대비하려고* 해요.

집에 불이 나거나 물에 잠기면 **보험 회사**가 피해 복구 비용을 주기로 해요.

집에 화재나 침수가 일어날 수 있어.

훌륭해!

일정 금액 이상의 피해에 대해서요.

좋아.

대신에 제이크는 매달 90달러를 보험 회사에 내야 해요.

문제없어.

화재나 침수가 제이크의 잘못이 아닌 경우에만 해당돼요.

알았어. 주의할게.

파이프가 터져서 부엌이 침수됐어요.
제이크는 보험 회사에 그 사고가 자신의 잘못이 아니라는 것을 증명했고, 수리 비용 1만 달러를 보험 회사가 내어 주었어요.

사람들은 거의 모든 사고에 대비해서 보험을 들 수 있어요.

비행기를 놓치는 일

반려동물의 질병

넘어지는 일

보험 회사가 피해 복구 비용을 대신 내 줄 수 있는 것은 전체 고객이 매달 내는 돈의 총액이 제이크의 피해 복구 비용보다 많기 때문이에요. 하지만 많은 회사가 보험금을 쉽게 지급하지 않으려고 사고가 가입자의 *잘못이 아니라는 것*을 증명하기 어렵게 만들어 놓죠.

죄송합니다, 고객님. 도난 당한 물품의 구매 비용을 지급해 드릴 수 없습니다. 고객님이 SNS에 휴가를 간다고 올렸기 때문에 절도범들이 그 글을 보고 고객님이 댁에 없는 걸 알았을 수도 있습니다.

은행에서 돈을 불리기

돈은 소비만 하는 것이 아니에요. 돈으로 더 큰돈을 만들 수 있죠.
큰돈을 만드는 한 가지 방법은 이자가 붙는 은행 계좌에 예금하는 거예요. 예금은 간편하게 돈을 불리고 미래를 위해 저축하는 방법이에요. 그 방법은 다음과 같아요.

3장을 읽었다면, 우리가 은행에 넣은 돈은 가만히 잠자고 있지 않다는 것을 알 거예요.

이자의 금액은 계좌에 있는 돈의 일정한 퍼센트로 정해져요. 이것을 **이자율**이라고 해요.
이자율은 은행 계좌의 종류에 따라 각각 달라져요. 은행이 말하는 이자율은 대개 '연이율', 즉 일 년 동안의 이자율을 말해요.

 그린트리 은행

보통 예금 계좌는 정기 예금 계좌보다 이자율이 낮아요. 왜 그럴까요?

보통 예금 계좌는 매일매일의 소비를 더 편리하게 만들어 주는 계좌예요.

체크 카드로 바로바로 돈을 지불할 수 있어.

온라인으로 물건을 살 수 있어.

그리고 원할 때마다 돈을 꺼내 쓸 수 있어.

현금 인출기

대부분의 사람들은 일주일에도 몇 번씩 보통 예금 계좌에서 돈을 꺼내 써요. 그래서 그때마다 잔액이 바뀌지요.

정기 예금 계좌는 돈을 불리려고 저축하는 계좌예요.

이 계좌에서 돈을 뽑아 쓰려면 은행에 직접 찾아가서 보통 예금 계좌로 이체해야 해.

그리고 이체 가능 횟수도 한 달에 몇 번으로 제한되어 있지.

정기 예금 계좌의 돈으로는 물건 값을 지불하는 일이 어려워서 계좌에 들어간 돈이 잘 변하지 않아요.

은행이 자신들이 얼마를 빌리고 투자할 수 있는지 알려면 *안정된* 돈이 필요해요. 정기 예금 계좌의 돈은 보통 예금 계좌보다 변화가 적기 때문에 더 안정적이죠. 그래서 은행은 정기 예금 계좌에 더 높은 이자를 주어서 사람들이 정기 예금 계좌를 이용하게 해요.

누구나 자기 돈이 빨리빨리 자라기를 원하지.

투자로 돈을 불리기

돈을 '불리는' 또 한 가지 방법은 **투자**예요. 투자란 나중에 수익을 내기 위해서 무언가를 사는 일이에요. 우리가 사서 소유하다가 나중에 다시 팔 수 있는 모든 것을 **자산**이라고 해요. 여기 리나가 투자할 수 있는 세 가지 자산이 있어요.

귀중한 물건

주택이나 미술 작품 또는 귀중한 물품 같은 값비싼 물건은 시간이 지나면 더 비싸져요. 하지만 반드시 그런 것은 아니에요.

미래에 그 가치가 높아졌을 때 자산을 팔면 리나는 수익을 얻어요.

채권

채권은 회사나 정부에서 파는 부채예요. (32쪽을 보세요.)

회사나 정부는 정해진 날짜(대체로 미래의 어느 해)에 *이자*를 붙여서 부채를 갚겠다고 약속해요.

주식

주식은 회사 소유권의 작은 일부예요. (33쪽을 보세요.)

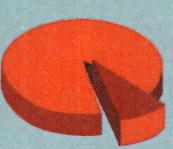

회사가 돈을 잘 벌면, 주식의 가치는 올라가요.

때로는 아주 빠르게 올라가죠.

리나가 주식을 사서 돈을 버는 방법은 두 가지가 있어요.

1. 자신이 산 가격보다 높은 가격에 주식을 파는 거예요. 이런 일은 회사가 돈을 잘 벌 때 일어나요.

2. 회사의 수익을 정기적으로 나누어 주는 **배당금**을 받는 거예요.

하지만 돈을 *잃을* 수도 있어. 내가 산 주식의 가치가 너무 많이 떨어지면 산 값보다 낮은 가격에 팔 수 밖에 없어.

일하지 않고 돈 벌기

어떤 사람들은 큰돈을 투자해서 많은 소득을 얻고 세금을 내고도 여전히 큰돈이 남아요. 리나는 20년 동안 투자와 저축을 반복했고, 이제 일을 그만두고 싶어 해요.

리나는,

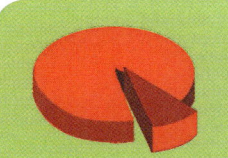

주식에 50만 달러를 투자해서 1년에 1만 9,000달러를 벌어요.

정기 예금 계좌에 백만 달러를 넣어두고 1년에 이자로 4만 달러를 벌어요.

아파트 두 채를 임대해서 1년에 2만 달러를 벌어요.

1년에 7만 9,000달러면 여왕처럼 살 수 있어.

대부분의 사람은 투자를 할 만한 돈이 없어요. 하지만 재산이 약간만 있는 사람들도 오랜 시간을 두고 *조금씩 투자를 늘릴 수 있어요.* 오랜 시간과 노력에 약간의 행운이 따르면 투자를 통해서 리나처럼 일을 그만두어도 살 수 있을 만큼 돈을 벌 수 있어요.

주의 사항

투자에는 위험이 따르고 돈을 계속 벌 수 있다는 보장은 없어요.

예를 들어, 우리가 주식을 산 회사가 돈을 잘 벌지 못해서 배당금을 주지 못할 수도 있고, 정기 예금 계좌의 이자율이 떨어질 수도 있어요.

시간이 지나면 물가는 **인플레이션**이라는 과정을 통해 오르게 되어 있어요. (자세한 내용은 98쪽을 보세요.)

물가가 오르면 같은 돈으로 살 수 있는 물건이 줄어들어요. 10년이 지나면, 7만 9,000달러는 지금보다 가치가 훨씬 떨어질지도 몰라요.

예전에는 1달러만 있으면 프로 야구 경기 표를 살 수 있었는데, 지금은 핫도그도 못 사!

주식 사고 팔기

채권과 주식은 대부분 **증권 거래소**에서 **증권 중개인**이라는 사람들이 사고팔아요. 회사와 투자자들이 증권 중개인에게 자신이 가진 몇 개의 주식과 채권을 팔고 싶은지 말하면, 증권 중개인은 다른 투자자들이 주식을 *사려고* 할 때 가격을 협상해요.

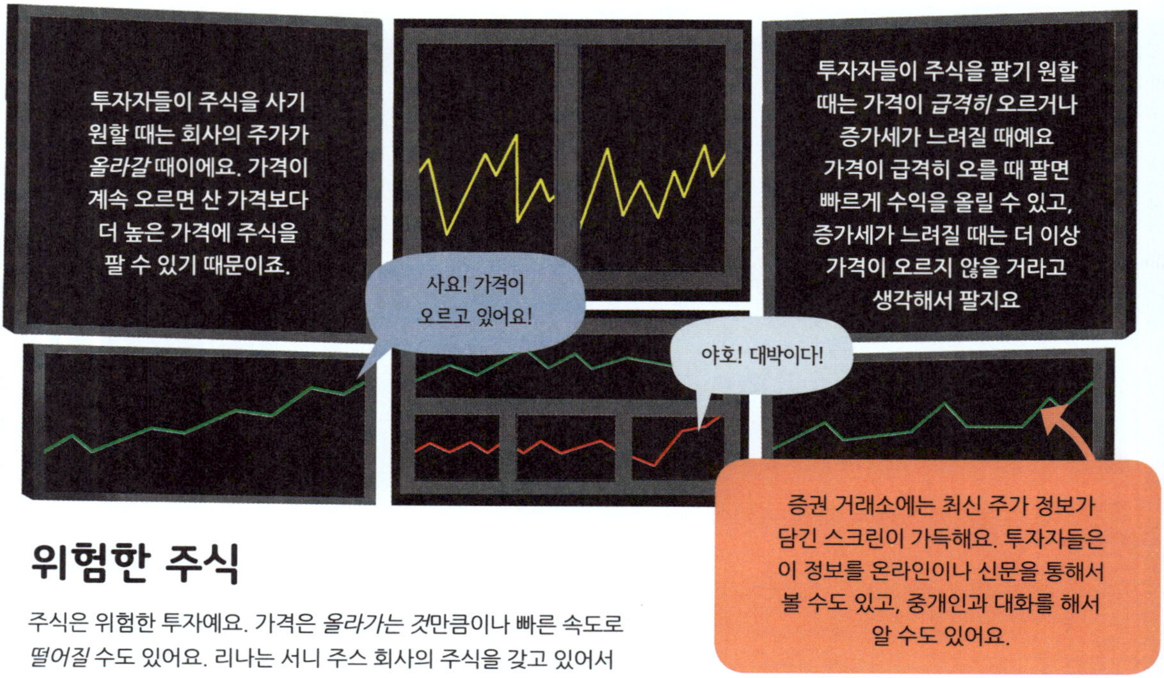

투자자들이 주식을 사기 원할 때는 회사의 주가가 *올라갈* 때이에요. 가격이 계속 오르면 산 가격보다 더 높은 가격에 주식을 팔 수 있기 때문이죠.

사요! 가격이 오르고 있어요!

야호! 대박이다!

투자자들이 주식을 팔기 원할 때는 가격이 *급격히* 오르거나 증가세가 느려질 때예요. 가격이 급격히 오를 때 팔면 빠르게 수익을 올릴 수 있고, 증가세가 느려질 때는 더 이상 가격이 오르지 않을 거라고 생각해서 팔지요.

증권 거래소에는 최신 주가 정보가 담긴 스크린이 가득해요. 투자자들은 이 정보를 온라인이나 신문을 통해서 볼 수도 있고, 중개인과 대화를 해서 알 수도 있어요.

위험한 주식

주식은 위험한 투자예요. 가격은 올라가는 것만큼이나 빠른 속도로 떨어질 수도 있어요. 리나는 서니 주스 회사의 주식을 갖고 있어서 그 주가를 눈여겨봐요. 그러다 변화가 생기면 중개인과 연락을 하죠.

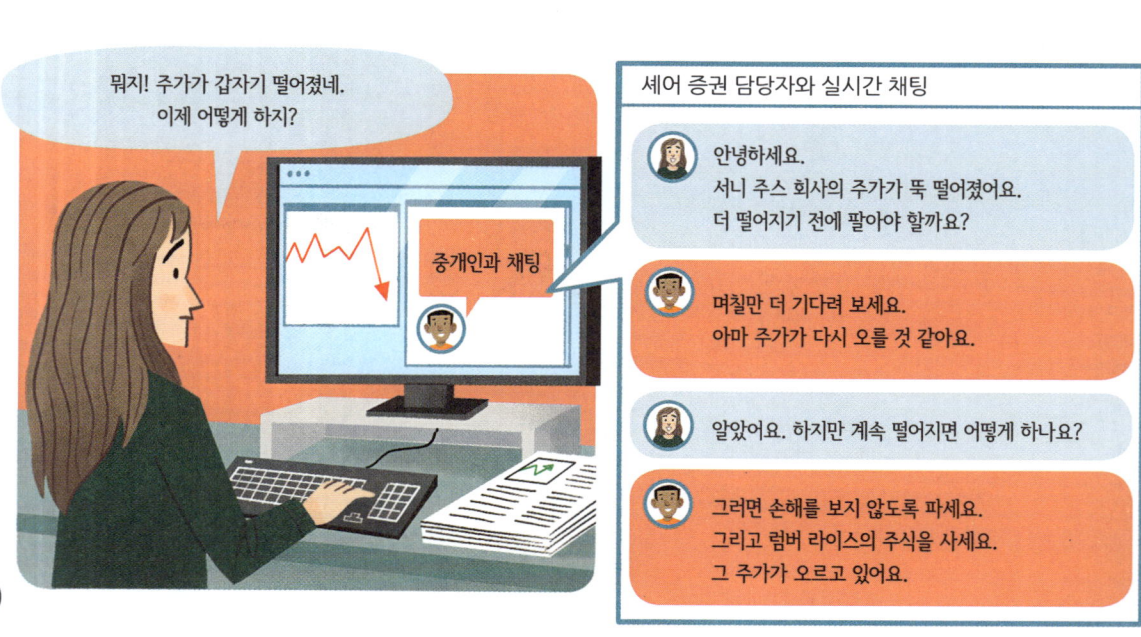

뭐지! 주가가 갑자기 떨어졌네. 이제 어떻게 하지?

중개인과 채팅

셰어 증권 담당자와 실시간 채팅

안녕하세요. 서니 주스 회사의 주가가 뚝 떨어졌어요. 더 떨어지기 전에 팔아야 할까요?

며칠만 더 기다려 보세요. 아마 주가가 다시 오를 것 같아요.

알았어요. 하지만 계속 떨어지면 어떻게 하나요?

그러면 손해를 보지 않도록 파세요. 그리고 럼버 라이스의 주식을 사세요. 그 주가가 오르고 있어요.

리나가 위험을 줄이는 또 한 가지 방법은 여러 회사에 나누어 투자를 하는 거예요.

오스왈드 그린 에너지를 5주 사고,

팀스 유업을 8주 사고,

솔리드 철강을 4주 사고,

EFR 컴퓨터를 6주 사요.

여러 회사에 나누어 투자를 하면 한 회사의 주가가 떨어져도, 다른 회사의 주가가 오르거나 제자리를 지키면 리나는 크게 손해를 보지 않아요. 이것을 **다각화**라고 해요. 리나는 스스로 다각화를 할 수도 있고 뮤추얼 펀드에 투자할 수도 있어요. **뮤추얼 펀드**는 리나의 주식 투자를 다각화해 주고 그 투자 수익의 일부를 가져가는 회사예요.

좋은 주식, 나쁜 주식

어떤 회사에 투자를 하는 것은 나쁘다고 생각하는 사람도 있지만, 그렇지 않다고 생각하는 사람도 있어요.

석유 회사에는 투자하지 말아야 해. 석유를 태우면, 환경을 해치고 건강에 나쁜 매연이 나와.

하지만 석유는 자동차와 에너지 때문에 모든 사람들에게 필요해. 그리고 석유 회사는 투자자들의 돈을 받아야 많은 양의 석유를 채굴해서 석유 가격을 낮게 유지할 수 있어. 석유 가격이 오르면 대부분의 사람들이 힘들어져.

하지만 언젠가 석유가 바닥나면 사람들은 어쨌건 힘들어져. 우리는 그린 에너지에 투자해서 대체 에너지를 개발해야 돼.

이런 방법은 어때? 석유 회사의 주식을 더 사면 그 회사가 하는 일에 영향을 미칠 수 있어. 주주가 되어 석유 회사에게 그린 에너지를 개발하라고 설득하는 거야.

자선 단체를 위한 모금

부자만이 자선 활동에 돈을 기부할 수 있는 것은 아니에요. 특별한 행사나 활동을 꾸려서 사람들에게서 자선 활동에 필요한 돈을 모으는 일도 있어요. 이런 일을 **기금 모금**이라고 해요.

기금 모금은 힘든 일이지만, 자선 단체를 돕는 좋은 방법이에요.
기금 모금을 시작할 때는 먼저 가족이나 선생님에게 도움을 요청해 보세요.
그리고 아래의 사항을 참고해서 행사를 계획해 보세요.

행사 내용을 무엇으로 할까?

- 퀴즈 대회?
- 농구 대회? 
- 자전거 달리기 대회? 
- 벼룩시장? 

공식 허가를 받아야 하나?

학교에서 자선 음악회를 열려면 학교의 허가를 받아야 해요.

길에서 어른과 함께 기금 모금을 하려면 시청이나 구청의 허락을 받아야 해요.

모금 방법

사람들에게 기부를 받는 모금 방법은 아주 많아요. 여기 소개하는 유기견 보호를 위한 모금 방법은 그중 몇 가지일 뿐이에요.

분명한 목표를 설정한다.

지역 유기견 센터를 위해 500달러를 모금합시다!

기부할 동기를 준다.

8달러를 기부하면, 제가 일주일 동안 강아지를 산책시켜 드릴게요.

지역 신문에 광고를 낼까?

포스터를 만들까?

행사의 홍보는 어떻게 해야 할까?

학생 전체 조회 때 공지를 할까?

SNS에서 이벤트를 꾸릴까?

크라우드 펀딩 웹 사이트를 만들까? (43쪽을 보세요.)

만약 퀴즈 대회를 한다면 장소를 빌리는 대관비는 얼마일까? 대관료

농구 팀에 줄 간식 등 재료 살 돈은 얼마나 들까?

비용은 얼마나 들까? 들어간 비용보다 더 많은 돈을 모금해야 해요.

초대장과 감사장을 만드는 비용은 얼마일까?

행사 홍보 자료를 만드는 데 얼마가 들까?

감동적인 이야기는 사실이나 숫자보다 사람들에게 더 큰 영향을 준다.

돈을 기부하고 정보를 공유하는 방법을 다양하게 마련한다.

외로운 스니플스는 새로운 주인을 만나 다시 사랑받으며 살게 되었습니다.

해마다 10만 마리의 유기견이 보호소에서 생을 마감합니다.

행사장에 올 수 없지만 기부를 하고 싶은 분, 친구들에게 이 일을 소개하고 싶은 분은 유기견 센터의 웹 사이트를 방문하세요. 거기서 온라인으로 기부하실 수도 있고, 그 링크를 친구들에게 보내실 수도 있습니다!

기부 목적을 선택하기

동물을 보호하는 것과 아프리카 주민들이 깨끗한 물을 마실 수 있게 돕는 것 중 무엇이 더 중요한가요? 세상에는 기부가 필요한 자선 단체가 아주 많아요. 그중 하나를 어떻게 선택할까요?

자선 재단

돈이 정말로 많은 사람들은 한 번씩 큰 금액을 기부하는 것 말고도 다른 기부 방법이 있어요. **자선 재단**이라는 단체를 만들어서 *정기적*으로 큰돈을 기부하는 거예요.

자선 재단은 부유한 사람이 투자로 버는 돈을 자금으로 삼는 경우가 많아요.

이런 투자의 수익은 액수도 크고 정기적인 자금 원천이 돼요. 그래서 자선 재단들, 또는 이런 재단이 후원하는 단체들은 안정된 수입으로 오랫동안 자선 사업을 계속할 수 있죠.

기부는 항상 좋은 일인가?

자선 단체와 자선 재단들은 전 세계에서 많은 사람들의 삶을 개선하는 데 중요한 역할을 해요. 하지만 어떤 사람들은 *모든* 자선 재단과 기부가 좋은 것은 아니라고 생각하죠. 그 이유는 여러 가지가 있어요.

어떤 사람들은 문제의 *결과*만이 아니라 그 *원인*을 해결하는 단체에 기부를 해야 한다고 생각해요.

바다에서 플라스틱 쓰레기를 청소하는 우리 단체에 기부하세요!

애초에 바다에 플라스틱을 버리지 못하게 해야 하지 않나요?

어떤 사람들은 가난하고 불우한 사람들에게만 기부해야 한다고 생각하죠.

돈 많은 대학들이 왜 기부를 받아야 합니까?

그 후원금으로 모든 사람들에게 혜택이 돌아갈 큰 문제들의 해결책을 개발할 수 있거든요. 무서운 질병을 막는 백신 같은 것 말이죠.

어떤 자선 재단의 자금은 사람들을 착취하는 회사의 투자 수익에서 나오기도 해요.

어떤 사람들은 그런 회사들은 자선 활동에 돈을 쓰는 것보다 자기 회사를 공정하게 운영하는 것이 더 중요하다고 말하죠.

내가 투자하는 이 패션 회사는 배당금을 아주 많이 줘. 이 돈을 암 치료법 연구에 후원하겠어.

하지만 그 옷을 만드는 우리는요? 우리는 장시간 저임금 노동에 시달리고 있다고요!

돈을 기부하는 것은 '항상 좋은' 일도 '항상 나쁜' 일도 아니에요. 기부 방법은 다양하고, 기부할 단체도 많죠. 후원을 하기 전에 여러 곳을 살펴보고 어느 활동을 후원하고 싶은지 생각해 보는 게 좋아요.

제6장
정부와 돈

    돈은 은행과 기업과 사람들 사이만 오가는 건 아니에요. 정부도 돈을 사용하죠. 정부는 세금으로 막대한 돈을 걷는데, 그 액수는 수백억, 수천억 달러에까지 이르러요. 정부는 세금으로 학교, 도로, 경찰 같은 **공공 서비스**를 운영해요.

    정부가 하는 중요한 일 중 하나는 **납세자**의 돈을 어디에 쓸지 결정하는 거예요. 작은 결정도 큰 영향력을 발휘해요. 정부가 도서관을 폐쇄하거나 운동장을 건설해도 전체 지출 액수에는 별로 차이가 나지 않지만, 사람들의 일상생활에는 큰 영향을 미치지요.

세금은 어떻게 쓰이나요

세상 모든 나라의 국민은 대부분 세금을 내야 해요. 정부는 대개 세금을 공정하게 걷으려고 하지만, 공정함에 대한 생각은 사람마다 달라요.

세금의 종류

오랜 옛날부터 정부는 많은 것에 세금을 매겼어요. 러시아는 300년 전에 남자들 턱수염에도 세금을 매겼죠. 오늘날에는 나라마다 정해진 세금이 크게 다르지 않아요. 여기에 대부분의 나라에서 적용되는 몇 가지 세금의 예를 살펴보세요.

사람들이 번 돈에 매기는 세금은 **소득세**예요.

기업이 버는 돈에 붙는 세금은 **법인세**예요.

노동자와 기업은 모두 **사회 보장 기금**을 내야 해요. 사회 보장 기금은 보건과 연금에 들어가는 돈이에요.

사람들이 구매하는 물건에 붙는 세금은 **소비세** 또는 **부가 가치세**예요.

죽은 사람이 남긴 재산에 붙는 세금은 **상속세**라고 해요.

사람들이 가진 소유물이나 돈에 붙는 세금은 **재산세**예요.

해외에서 수입하는 물건에 붙는 세금은 **관세**예요.

세금의 공정성

세금은 대개 전체 가치의 퍼센트로 매겨져요. 이런 퍼센트를 **세율**이라고 해요. 정부는 세율을 통해 세금 제도의 공정성을 높이려고 해요.

소득이 높을수록 보통 세율이 높아져요. 이것을 **누진세**라고 하죠. '누진'이란 수치가 커질수록 비율이 *올라간다*는 뜻이에요.

누진세는 부유한 사람들에게 많은 돈을 받아 가난한 사람들에게 써서 사회를 좀 더 공정하게 만드는 것을 목표로 해요.

사람들에게 각각 다른 세율을 적용하는 것은 부당하게 보일지 모르지만, 모두가 일 년에 똑같이 1만 달러의 세금을 낸다고 생각해 보세요.

나한테는 세율이 너무 가혹해. 나는 일 년에 2만 달러밖에 못 버는데 세금이 1만 달러면 내 소득의 50퍼센트야.

나한테는 훨씬 좋은걸. 나는 일 년에 20만 달러를 버니까 1만 달러는 소득의 5퍼센트밖에 안 돼.

모두에게 똑같은 세금을 부과하는 것을 **역진세**라고 해요. '역진'은 *거꾸로 간다*는 뜻이에요. 많이 벌수록 세율이 줄어들기 때문이죠.

세금과 선택

정부는 세금을 이용해서 사람들의 소비 방식을 바꾸기도 해요.

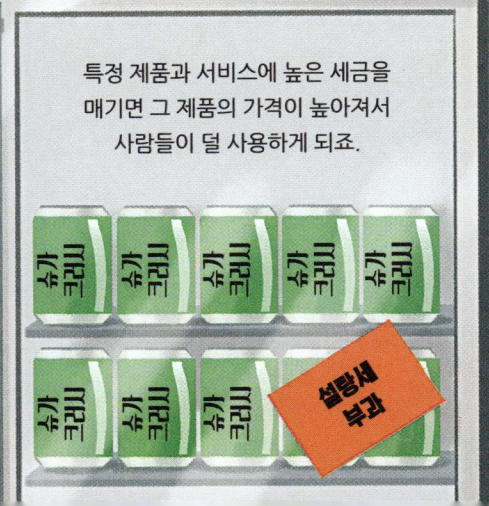

특정 제품과 서비스에 높은 세금을 매기면 그 제품의 가격이 높아져서 사람들이 덜 사용하게 되죠.

특정 제품이나 서비스에 낮은 세금을 매기면 가격이 싸져서 사람들이 많이 사용하게 돼요. 이것을 **세금 감면**이라고 해요.

관세가 붙으면 외국 제품의 가격이 높아져서 사람들이 자기 나라 제품을 구매하게 되지요.

공공 서비스

정부는 세금을 사용해서 사람들이 누구나 이용할 수 있는 서비스를 제공해요. 정부가 제공하지 않으면 사람들이 직접 할 수 없는 큰 일들을 '공공 서비스'라고 해요. 공공 서비스에 쓸 돈과 서비스의 종류는 각 정부마다 다르게 결정해요.

여기에 세금을 사용해서 정부가 제공하는 몇 가지 서비스를 살펴보세요.

세금이 모자르면

정부가 쓰는 것보다 많은 돈을 세금으로 걷는 것을 **세수 초과**라고 해요. 하지만 대부분의 정부는 걷는 세금보다 더 많은 돈을 써서 **세수 결손**에 빠지죠. 결손이 되면 정부는 다음 두 방법 중 한 가지를 선택해서 돈을 마련해요. 하지만 둘 다 위험성이 있어요.

1) 빌리기

정부는 은행이나 다른 대부 업체에서 돈을 빌릴 수 있어요. 정부가 진 부채의 전체 규모를 **국가 채무**라고 해요.

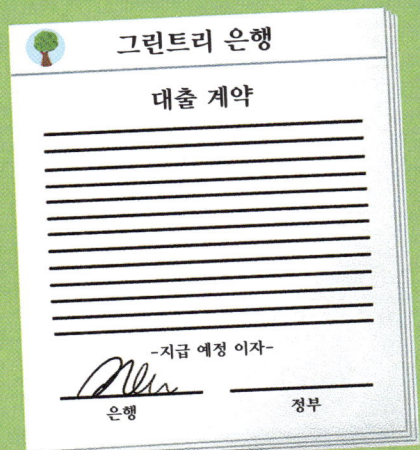

정부는 세금이라는 안정된 수입이 있기 때문에 은행은 정부에 돈 빌려주는 것을 좋아해요. 은행에서 돈을 빌리면 정부는 돈을 빨리 마련할 수 있어서 좋아요

하지만 장기적으로 현명한 일은 아니에요. 은행은 빌려주는 돈에 이자를 매기는데, 그 이자가 때로는 매우 비싸거든요. 2018년에 미국 정부는 은행에서 빌린 돈의 이자를 내는 데만 세금을 3,900억 달러나 썼어요.

2) 돈을 찍기

정부가 돈이 떨어지면 간단히 통화를 더 만들어서 필요한 돈을 마련할 수 있어요. 이것은 쉬운 해결책 같지만 위험한 방법이에요. 정부가 통화의 가치를 유지하려면 돈의 공급을 *제한*해야 하기 때문이죠. (18쪽을 보세요.)

그래도 많은 정부는 돈을 더 찍어요. 그것이 세금을 걷는 것보다 더 편리하기도 하지만, 좀 더 복잡한 이유가 있어요. 자세한 것은 101쪽을 보세요.

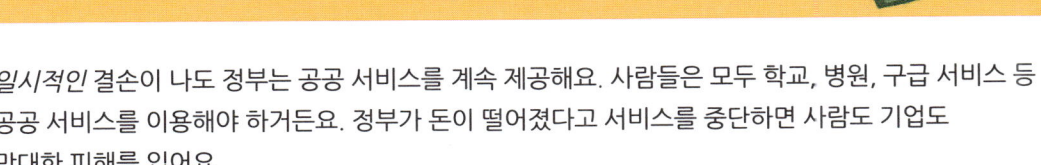

일시적인 결손이 나도 정부는 공공 서비스를 계속 제공해요. 사람들은 모두 학교, 병원, 구급 서비스 등 공공 서비스를 이용해야 하거든요. 정부가 돈이 떨어졌다고 서비스를 중단하면 사람도 기업도 막대한 피해를 입어요.

세금에 대한 여러 생각

사람들은 세금에 대해 다양한 생각을 가지고 있어요. 어떤 사람은 정부가 세금을 많이 걷어서 공공 서비스를 늘려야 한다고 생각해요. 어떤 사람들은 세금을 내리고 정부 지출을 줄여야 한다고 하죠. 여기 여러 사람들의 다양한 주장이 있어요.

많은 사람이 세금에 대해 뚜렷한 의견을 갖고 있어요. 선거를 하는 나라에서는 사람들이 정당을 선택하는 중요한 이유 중 한 가지가 세금 문제예요.

복지

정부가 시민에게 제공하는 혜택을 **복지**라고 해요. 정당들은 복지에 돈을 쓰는 데에 대부분 찬성하지만 얼마만큼 쓸지, 누가 복지 혜택을 받아야 하는지에 대해서는 의견이 갈려요.

내가 병이 나서 일을 못하게 될까 걱정이에요. 그렇게 되면 내가 무슨 돈으로 생활을 해요?

걱정 마세요! 우리 정부는 질병 및 다른 이유로 일을 할 수 없는 사람들에게 돈을 줘요.

잠깐, 다른 이유라는 게 뭐죠? 나는 열심히 일해요. 빈둥빈둥 노는 사람들에게 정부가 돈을 준다면 내가 왜 열심히 일해야 하나요?

누가 빈둥빈둥 노나요? 사람이 일을 하지 못하는 이유는 많아요. 가족을 돌봐야 할 수도 있고, 나이가 너무 많아서 일을 못할 수도 있어요.

그럴지도 모르지만, 사람들이 속이는 건 어떻게 알죠? 거짓말을 하고 공짜로 돈을 받을 수 있다면 누가 힘들게 일을 해요?

일을 하면 더 많은 돈을 벌어요! 그리고 정부는 아무에게나 쉽게 돈을 주지 않아요. 사람들이 가짜로 혜택을 받는지 늘 확인하고, 속이는 사람은 감옥에 가요.

그러면 정부는 사람들이 거짓말을 하는지 알아보는 사람도 고용해야 하네요? 세금을 낭비하는 또 한 가지 방법일 뿐이에요.

어쩌면 그럴지도 모르죠. 그렇다면 정부가 모든 사람에게 식생활과 주거에 쓰도록 일정한 액수의 돈을 주는 건 어떨까요?*

*캐나다와 핀란드의 몇몇 지방 정부는 **기본 소득제**라는 실험을 했어요. 이 정부들은 부유한 사람들에게서만 세금을 걷어서, 사람들의 소득에 상관없이 모두에게 기본 생활비로 쓸 돈을 주었어요. 기본 소득제는 복지의 공정성을 높이는 시도 중 하나예요. 사람들은 모두 같은 금액을 받지만, 세금은 낼 수 있는 사람들만 내는 거죠. 이 제도를 전국적으로도 실행할 수 있을지는 아직 확실히 정해지지 않았어요.

국가 경제

정부는 세금을 걷고 쓰는 일은 엄격히 통제하지만, 사람들이 돈을 쓰는 것은 통제하지 않아요. 사람들의 소비는 그 나라에 돈이 얼마나 있는지, 그 돈이 어떻게 쓰이는지에 영향을 받아요. 이것을 그 나라의 **경제**라고 해요. 모든 정부는 경제를 안정시키기 위해 경제 상황을 면밀하게 파악해요.

한 나라의 경제 규모를 파악하는 지표를 **국내 총생산**(Gross Domestic Product), 줄여서 **GDP**라고 해요. GDP는 그 나라 안에서 생산한 모든 제품과 서비스의 가격을 합한 금액이에요.

제품과 서비스에는 수많은 종류가 있어요. 모두가 GDP에 포함돼요.

GDP는 오해를 부를 수 있어요. 인구가 많은 나라는 많은 상품과 서비스를 생산해요. 그래서 인구가 적은 나라가 돈을 더 많이 벌어도, 인구가 많은 나라의 GDP가 더 높을 때가 많아요.

물가 감시, 임금 감시

정부는 경제가 잘 돌아가는지 파악하기 위해서, 생활에 필요한 물건들의 가격과 사람들의 소득 규모를 살펴요.

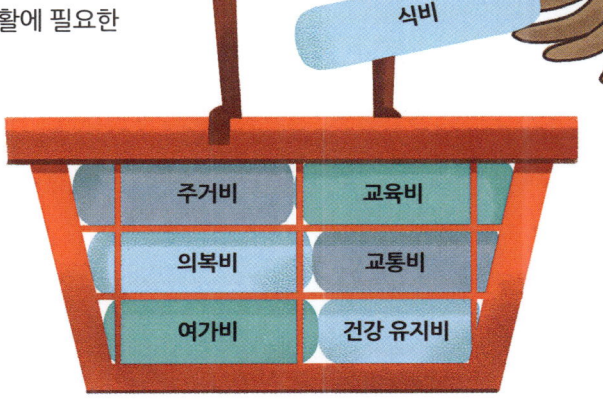

모든 물건의 가격을 감시할 수는 없기 때문에 정부는 대부분의 사람들이 사용하는 필수적인 물건들에 대해 살펴보지요. 물건들의 가격은 시간이 지남에 따라 대체로 올라가요. 이런 일을 **인플레이션**이라고 해요.

또 정부는 얼마나 많은 사람이 일자리가 있고(취업 상태), 얼마나 많은 사람이 일을 못 하고 있는지 (실업 상태)도 살펴요. 그리고 사람들의 임금도 살피지요. 임금이 물가만큼 오르지 않으면 사람들의 생활은 어려워져요.

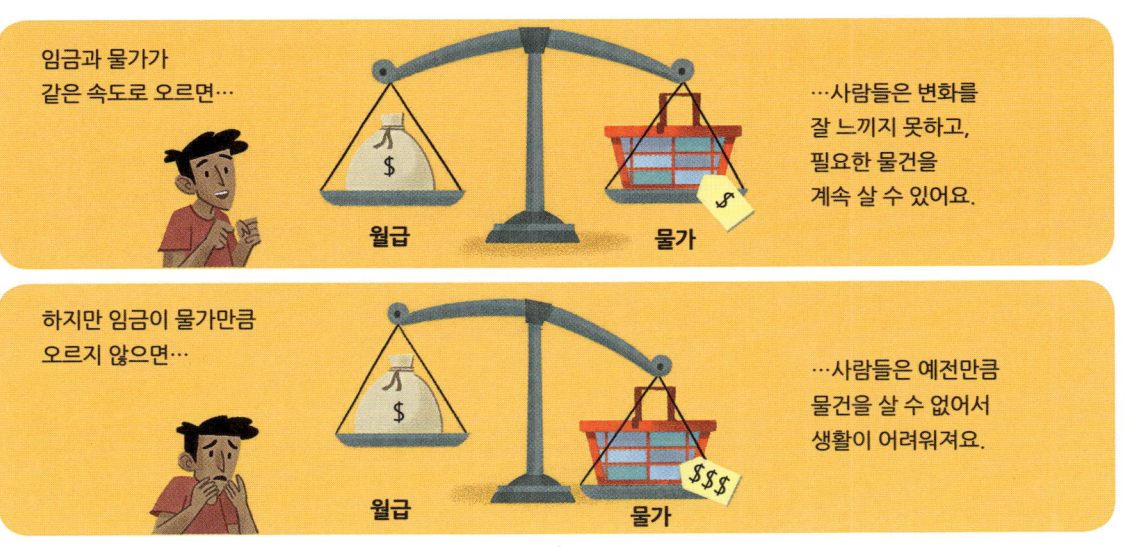

경제 관리는 과학처럼 정확한 것이 아니기 때문에, 경제학자들은 늘 어떤 방법으로 물가를 안정시킬지 논쟁을 해요. 하지만 대부분의 경제학자들은 다음 세 가지에 대해서는 모두 의견이 일치해요.

소비는 좋은 것이다! 사람들이 돈을 많이 써야 기업은 돈을 벌고, 그 돈으로 임금을 올려줄 수 있다.

고용은 좋은 것이다! 일자리가 있는 사람은 번 돈으로 소비를 하고 세금을 낸다. 그리고 대체로 취업자들이 실업자들보다 행복하다.

인플레이션은 대개는 좋지만, 너무 급격히 일어나면 좋지 않다.

인플레이션의 중요성

물가는 여러 가지 이유로 오르기도 하고 내리기도 해요. 한 상점에서만 가격이 오른다면 그것은 인플레이션이라고 할 수 없고, 많은 사람에게 영향을 미치지도 않아요. 인플레이션은 대부분의 지역에서 대부분의 상점이 가격을 올리는 일이에요. 인플레이션은 모든 사람에게 영향을 미치고, 특히 그 속도를 통제할 수 없게 되면 큰 문제가 생겨요.

인플레이션은 문제를 일으킬 때가 많지만, 정부들은 대체로 *약간의* 인플레이션을 좋아해요. 그 이유 중 한 가지는 물가가 떨어지는 반대의 경우가 *훨씬* 더 나쁘기 때문이에요. 물가가 떨어지는 것을 **디플레이션**이라고 해요. 물가가 떨어지면 좋을 것 같지만, 심각한 문제가 생겨요.

디플레이션이 일어나면 사람들은 소비를 줄여요. 기업이 손해가 커져 문을 닫으면, 사람들은 일자리를 잃지요. 그 결과 모두가 소비를 훨씬 덜 하게 돼요.

정부와 중앙은행

정부가 나라의 경제를 관리하는 데는 도움이 필요해요. **중앙은행**이라는 국가 기관이 정부와 협력해서, 일반 은행들을 돕고 사람들의 소비에 영향을 줘요.

중앙은행은 여러 가지 방식으로 일반 은행들을 도와요.

모든 일반 은행은 중앙은행에 계좌가 있어요. 이 계좌에 있는 돈을 **준비금**이라고 해요. 중앙은행은 일반 은행들에 돈을 빌려줘요. 여기에 매기는 이자를 **기준 금리**라고 하죠.

일반 은행이 중앙은행에서 대출금을 빌릴 수 있어요. 일반 은행이 투자에 실패하거나 돈을 빌린 고객들이 상환을 하지 않는 등 어려움에 빠졌을 때, 중앙은행은 일반 은행에 돈을 빌려줘 위기를 극복하게 해 줘요.

중앙은행은 모험을 하지 않아요. 그래서 일반 은행이 위험에 빠져도 항상 일반 은행에 빌려줄 돈이 있어요. 중앙은행이 이렇게 안정되어 있기 때문에 사람들은 은행 제도 전체를 신뢰하는 거예요.

기준 금리를 바꾸는 것은 경제에 아주 큰 영향을 미쳐요. 일반 은행은 기준 금리에 따라 고객에게 주는 대출금의 이자를 결정하죠.

이것은 모든 사람에게 영향을 미쳐요. 돈을 빌리는 비용이 너무 많으면 사람들이 돈을 잘 쓰지 않고, 비용이 적으면 더 많이 쓰니까요. 자세한 것은 다음 쪽을 보세요.

중앙은행은 대체로 정부와는 분리된 **독립** 기관이에요. 하지만 정부와 중앙은행은 서로 의논해서 함께 계획을 세우고 협력해요. 그들의 중요한 과제는 인플레이션을 일정한 수준으로 유지하는 일이에요. 인플레이션을 관리하는 방법에 대해서는 다음 쪽을 보세요.

인플레이션 관리

인플레이션 관리는 어려운 일이에요. 대부분의 나라에서 기업들은 가격을 자유롭게 매길 수 있기 때문이에요. 하지만 정부와 중앙은행이 쓸 수 있는 방법이 몇 가지 있어요.

인플레이션이 너무 높으면…

중앙은행이 기준 금리(중앙은행이 일반 은행에 빌려준 대출금에 매기는 이자)를 **인상**해요.

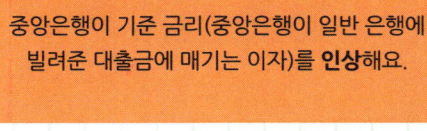

일반 은행이 중앙은행에서 돈을 빌리는 비용이 커져요.

일반 은행은 커진 비용을 충당하기 위해 자기 은행의 금리를 높여요.

사람들이 일반 은행에서 돈을 빌리는 비용이 커져요.

"지금 대출을 받으면 많은 이자를 내야 합니다. 조금 기다려 보는게 어떨까요?"

그린트리 은행
언제나 고객을 위해!

그래서 사람들은 소비를 줄이고 저축을 하게 돼요.

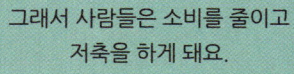

"이번엔 그냥 참자."

이것은 기업에 좋지 않아요.

"사람들이 아무것도 안 사. 가격을 낮추어야 할 것 같아."

그래서 기업은 가격을 동결하거나 때로 내리기도 해요.

인플레이션이 **감소**해요.

인플레이션이 너무 낮으면...

중앙은행은 기준 금리를 **인하**해요.

일반 은행은 고객을 더 많이 모으기 위해 금리를 낮춰요.

사람들과 기업이 쓸 돈이 많아져요.

기업들이 수익을 높이려고 가격을 올려요.

인플레이션이 **증가**해요.

때로 인플레이션이 너무 낮으면 기준 금리를 바꿔도 아무 효과가 없어요.

생방송 / 경제 토론 - 인플레이션 대책

현재 인플레이션이 최고로 낮습니다. 어떻게 해야 할까요? 기준 금리를 내려야 하나요?

더 이상은 내릴 수 없어요. 사실상 기준 금리가 0퍼센트인걸요.

기준 금리를 낮춰도 인플레이션이 계속 감소하면 정부와 중앙은행은 새로운 돈을 만들어 내요. 이것을 **양적 완화**라고 해요.

양적 완화란 그냥 돈을 찍어 내는 일이 아니에요. 여러 가지 단계가 있어요.

먼저, 정부가 일반 은행에서 돈을 빌려요.

그런 뒤 중앙은행이 새 돈을 만들어서 일반 은행의 돈을 갚죠.

기준 금리가 워낙 낮아서 일반 은행들은 이 돈을 가지고 있어도 이자를 벌 수 없어요.

일반 은행은 이 돈을 투자하고 대출해 줘요.

사람들에게 쓸 돈이 많아져요.

기업이 가격을 올려요.

인플레이션이 **증가**해요.

101

정부의 통제

국가 경제를 관리하는 방법은 한 가지만이 아니에요. 어떤 사람들은 정부가 더 많은 통제권을 갖고 돈과 관련된 모든 일을 결정하기를 바라죠. 하지만 어떤 사람들은 정부가 경제에 간섭하지 않아야 한다고 생각해요.

완전한 통제

정부가 경제에 *완전한* 통제권을 가지면, 사람들은 돈이 필요 없을 수도 있어요.

어느 정도의 통제?

실제로 어떤 정부도 돈을 없애지 않았고, 기업과 거래 전체를 완전히 통제하지도 못했어요. 하지만 반대로 어떤 정부도 경제를 그냥 내버려 두지 않았어요. 정부가 경제에 실행하는 통제의 수준은 다양해요. 여러분은 어떤 방법이 가장 좋아 보이나요?

강한 통제

- 정부가 사람들과 기업에 정부가 원하는 것을 강제로 시킬 수 있어요.
  - 공공 자금으로 기업을 사고 통제해요.
  - 강제로 기업들이 제품과 서비스의 가격을 동결하도록 시켜요.
  - 기업이 팔고 사람들이 사는 제품과 서비스를 법으로 제한해요.

- 정부가 사람들과 기업의 활동에 자유를 주지만, 여러 가지 방식으로 행동에 영향을 미쳐요.
  - 세금과 관세를 부과해요. (91쪽을 보세요.)
  - 사람들과 기업에 세금 감면을 제공해요. (91쪽을 보세요.)
  - 이자율과 양적 완화를 통해 물가를 조절해요. (100~101쪽을 보세요.)

- 정부가 완전히 뒤로 물러나서 경제에 개입하지 않아요.
  - 중앙은행의 힘을 없애고, 물가가 알아서 오르내리게 해요.
  - 세금을 낮추고 세금 감면을 없애서 사람들과 기업에 훨씬 많은 자유를 줘요.
  - 생필품을 살 수 없는 사람들에게 복지를 제공하지 않아요. (95쪽을 보세요.)
  - 정부보다 기업이 더 큰 힘을 가져요.

약한 통제

제 7장
중요한 질문들

    수많은 이야기, 노래, 종교적 가르침에 따르면, 돈은 행복을 찾는 길도 되고 큰 슬픔의 근원도 돼요. 이것이 돈 자체의 문제일까요? 아니면 사람들이 돈이 너무 많거나 적을 때 하는 행동 방식의 문제일까요?

    이 질문의 답은 아무도 모르지만, 이 장에서 우리는 돈, 행복, 평등과 관련된 문제를 해결하기 위한 몇 가지 방법을 살펴볼 거예요. 먼저 사람들이 돈이 전혀 없이도 살아가는 세상을 상상해 봐요.

아직도 현금이 필요할까요?

점점 더 많은 사람이 물건을 살 때 현금을 쓰지 않아요. 대신 휴대폰이나 신용 카드를 사용하죠. 지금 속도로 가면, 10년 후에는 스웨덴 같은 몇몇 나라는 현금을 쓰지 않을 거예요. 우리에게 현금이 필요하긴 할까요?

이 머니 지불은…

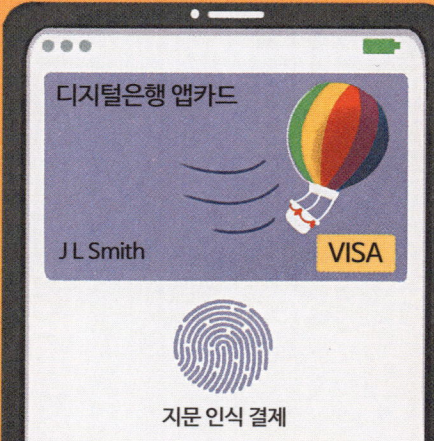

- ✓ **…더 빨라요.** 잔돈을 계산하거나 거스름돈을 줄 필요가 없기 때문이죠.
- ✓ **…더 저렴해요.** 종이 돈을 찍고 유통하는 데 많은 돈이 들어요.
- ✗ **…해커의 공격에 더 취약해요.**
- ✗ **…장치가 필요해요.** 전기가 필요하고, 비싼 장비와 인터넷 연결도 필요해요.

현금은…

- ✓ **…단순**하고 **누구나 쓸** 수 있어요. 은행 계좌도, 휴대폰도, 인터넷도 필요 없어요.
- ✓ **…언제든** 사용할 수 있어요. 홍수 같은 **위기** 때도 사용할 수 있는 건 전기나 인터넷 연결이 필요하지 않기 때문이죠.
- ✗ **…절도나 강도에 더 취약해요.**
- **…사생활을 지켜 줘요.** 현금을 쓰면 돈을 쓴 기록이 남지 않아요. 하지만 반대로 범죄자들이 현금을 쓰면 경찰이 추적하기가 어렵죠.

현금의 가장 중요한 장점은 주소, 은행 계좌, 휴대폰이 없는 사람들도 모두 쓸 수 있다는 점이에요. 현금이 없다면 이 세상의 17억 명은 돈을 쓸 수 없을 거예요.

사람에게 돈이라는 것이 필요한가요?

어떤 사람들은 돈이 세상을 더 불공정하게 만든다고 생각해요. 부유한 사람은 노력하지 않아도 큰돈을 물려받는 것처럼요. 여기에 돈을 사용하지 않고 원하는 것을 할 수 있는 여러 대안들이 있어요. 이것들 중 돈을 완전히 대체할 방법이 있을까요?

여기서는 아무도 실제로 그 시간 동안 일을 해서 값을 치르지 않아요. 그저 시간의 단위로 거래를 할 뿐이에요. 돈으로 계산을 할 때와 아주 비슷하죠. 문제는 돈이 아니라 돈을 쓰는 방식에 있는지도 몰라요. 아니면 우리가 아직 딱 맞는 대안을 찾지 못한 것일지도 모르죠.

107

암호 화폐란 무엇인가요?

암호 화폐는 암호 해독, 또는 **암호화 기술**을 사용해서 만들고 교환하고 보관하는 디지털 화폐예요. 최초의 암호 화폐 **비트코인**은 2009년에 만들어졌어요. 그 뒤로 여러 가지 암호 화폐가 태어났어요.
2011년 2월에 비트코인의 가상 '동전' 한 개(₿1)의 값은 1달러였어요.
2017년 12월에 그 값은 1만 9,783달러였어요.

그 값이 높아진 이유는 크게 다음 두 가지예요.

책임자가 없다

통화는 대부분 정부와 은행이 만들고 감시해요. 암호 화폐는 사용자들이 만들고 교환할 뿐(자세한 내용은 옆쪽을 보세요), 다른 누구도 개입하지 않아요.

모든 사람이 은행과 정부를 신뢰하는 것은 아니에요. 특히 2008년 금융 위기 이후 그렇게 되었죠. 많은 사람이 은행이나 정부와 관련 없는 화폐가 필요하다고 생각했어요.

비밀이 없다

비트코인은 만들어지거나 거래가 이루어질 때마다 **블록체인**이라는 공식 기록이 남아요. 새로운 거래가 이루어질 때마다 암호화된 블록이 블록체인에 연결되고 이것은 변경할 수 없어요.

이 때문에 암호 화폐는 절도나 위조가 어려워요. 블록체인에 거래 기록이 없으면 가짜라는 것을 쉽게 알 수 있죠.

그래서 비트코인은 매우 안전해요. 해커들이 비트코인 훔치는 방법을 알아내기는 했지만, 그 일은 매우 어렵고 비용도 너무 많이 들어갔어요.

장점과 단점

비트코인은 한때 가격이 1만 9,783달러로 올랐지만 12개월 후에는 3,183달러로 떨어졌어요. 암호 화폐의 가격은 계속 올랐다 내렸다 변화의 폭이 매우 커요. 이런 불안정성 말고 다른 단점들도 있어요.

얻기도 쓰기도 힘들다

비트코인을 얻는 방법은 두 가지가 있어요. 하나는 이미 갖고 있는 사람에게서 사는 것인데, 때로는 그 값이 매우 비싸요. 아니면 직접 암호를 해독해서 만드는 거예요.

비트코인 거래가 블록체인에 기록되려면, 누군가 암호를 해독해야 해요. 이것을 비트코인 **채굴**이라고 해요.

암호는 아주 복잡하기 때문에 암호 해독자, 즉 **채굴자**들은 비싸고 고성능의 컴퓨터를 사용해야 해요.

암호를 가장 먼저 해독한 채굴자는 블록체인을 처리한 보상으로 새로운 코인을 수수료로 받아요. 이 코인의 기록도 블록체인이 나타나죠.

비트코인이 있어도 그것을 모든 곳에 쓸 수는 없어요. 비트코인을 지불 수단으로 받아들이는 곳은 별로 없고, 은행은 비트코인을 다른 화폐로 바꿔 주지 않아요.

암호 화폐는 환경에 해롭다

보고에 따르면, 2017년 11월에 전 세계에서 비트코인을 채굴하는 컴퓨터 장비는 같은 달에 아일랜드 공화국 전체보다 더 많은 전기를 사용했어요.

전기는 주로 석탄을 태워서 만들고, 이 일은 환경을 오염시켜요.

어떤 사람들은 암호 화폐가 아니라 전력원이 문제라고 말해요. 재생 에너지가 더 값싸고 널리 보급되어 있다면 채굴자들은 그렇게 환경을 오염시키지 않을 거라는 거죠.

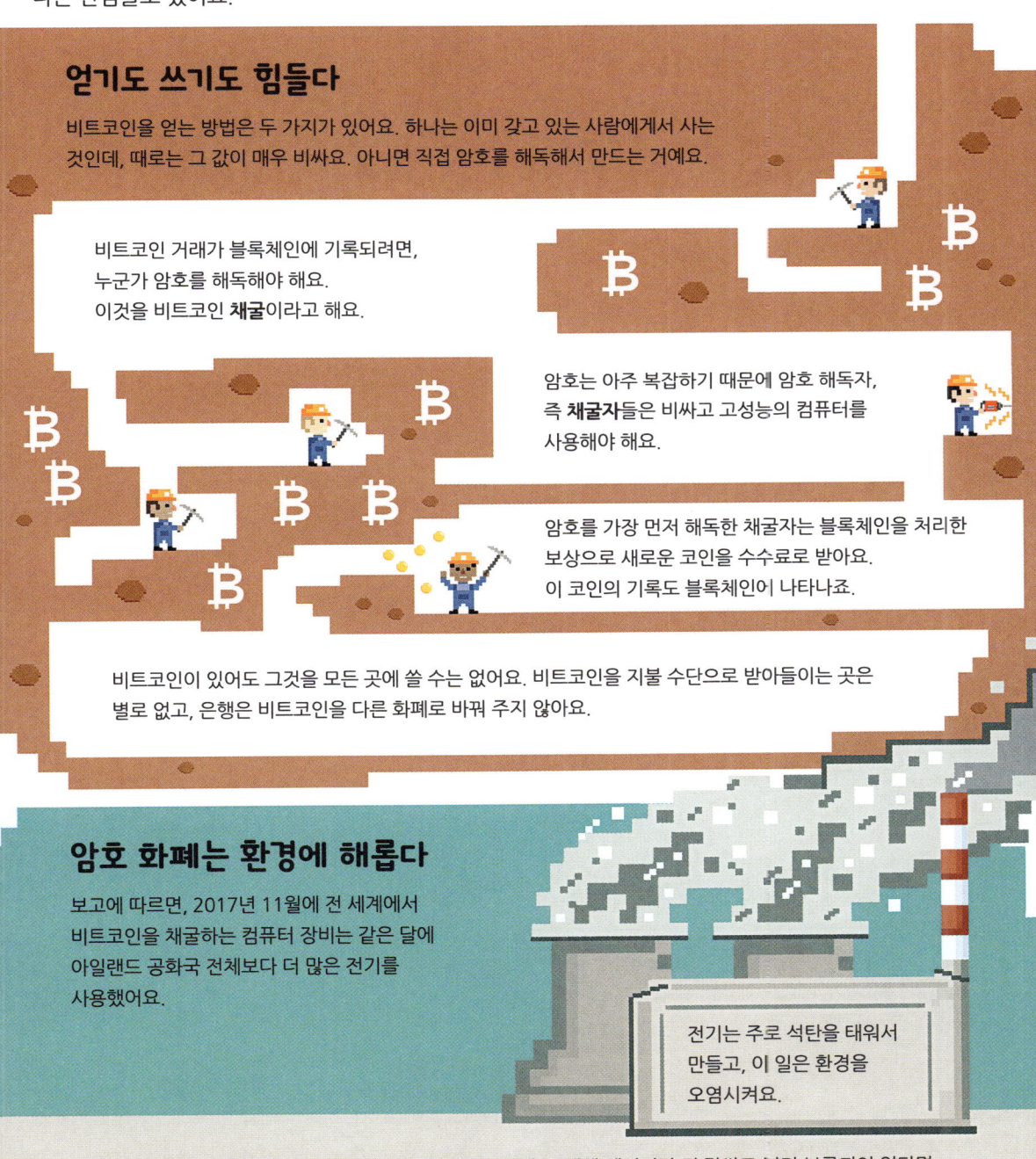

돈은 행복을 안겨 줄까요?

심리학자와 경제학자들은 돈과 행복의 관계에 대해 많은 연구를 했어요. 그 이론 중 하나는 행복의 종류에 따라 달라진다는 것이에요. 우리는 행복을 두 개의 각각 다른 산으로 생각해 볼 수 있어요.

일상의 행복
사람들이 매일 느끼는 감정을 기록해서 측정

인생의 만족
사람들에게 인생에 얼마나 만족하느냐고 물어서 측정

기본적 필요를 충족할 정도의 돈을 벌면, 돈을 더 번다고 행복해지지는 않아요.

돈을 많이 벌수록 만족한다는 대답이 많아져요.

일상의 행복에는 돈보다 건강과 친구가 더 큰 영향을 미치죠.

돈과 교육이 건강이나 우정보다 인생의 만족에 더 큰 영향을 미치는 것 같아요.

가난은 이혼, 질병, 외로움 같은 고통에 현실적으로도 정서적으로도 잘 대처하기 어렵게 만들어요.

이런 결과를 어떻게 이해해야 할지 모르겠어. 내가 돈을 더 벌려고 노력해야 한다는 거야?

돈은 행복을 보장해 주지는 않아. 어떤 사람들은 돈이 전혀 없어도 행복하지만, 부유한데도 불행한 사람들이 있잖아.

그냥 경치나 감상하자!

이것은 미국인 천 명을 조사한 결과예요. *여러분*은 어떻게 생각하나요?

부유한 나라는 더 행복한가요?

부유해지면 대체로 행복이 커져요. 하지만 부유한 나라에 사는 것만으로 행복할까요? 아래는 세계 은행이 수집한 정보로 만든 표로, 나라의 부와 사람들의 만족 정도를 비교한 거예요.

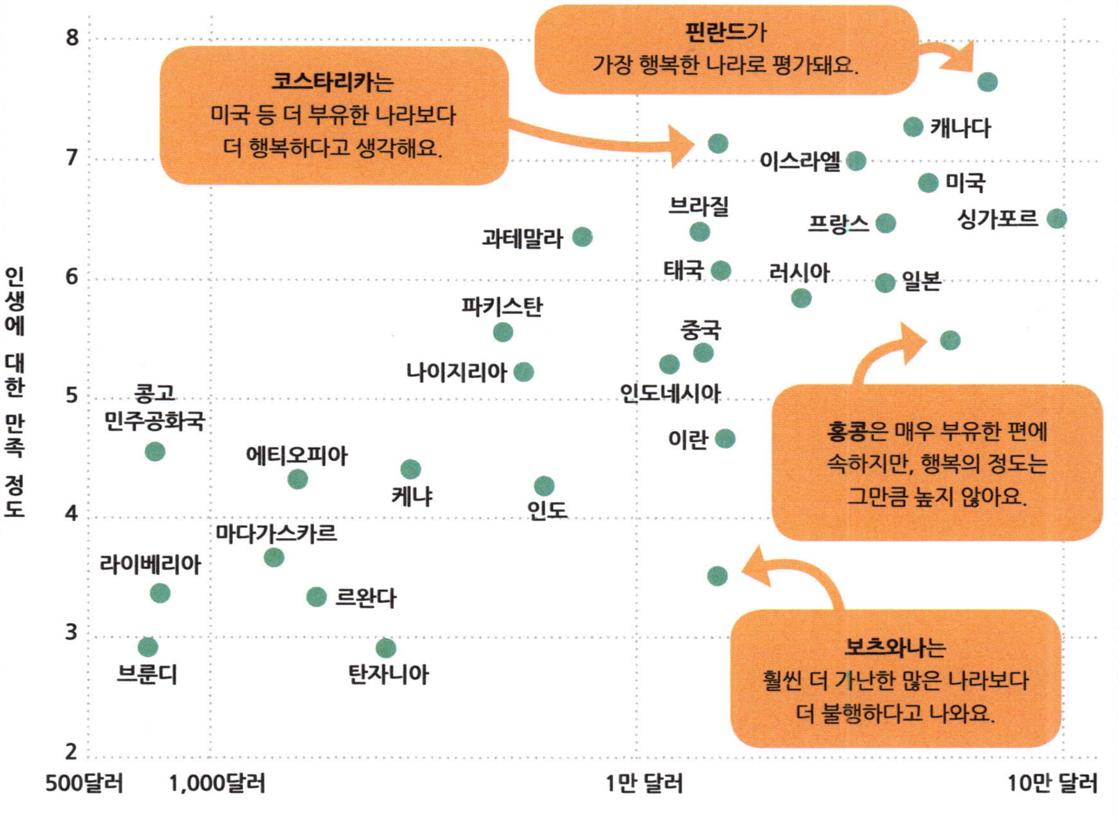

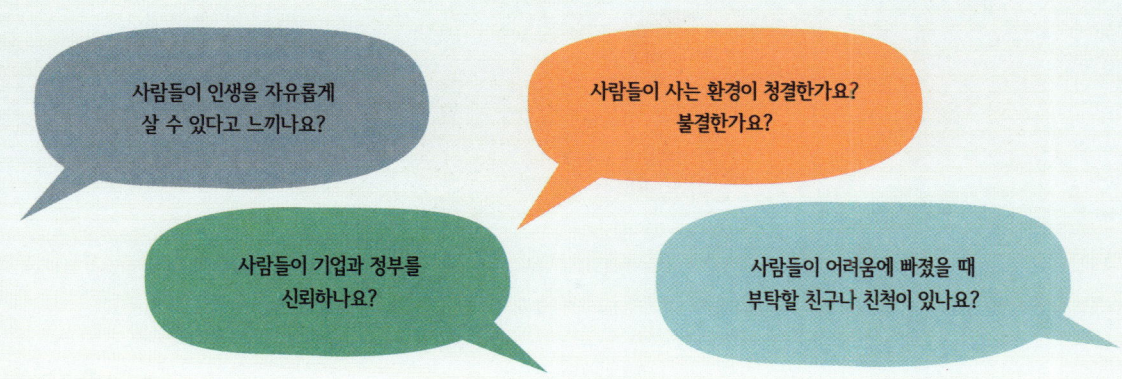

이 표는 한 나라에 사는 사람들에 대해 단순화된 평균만을 보여 줘요. 하지만 한 가지 알 수 있는 것은 부유한 나라에 살면 사람들이 더 만족하는 *경향*이 있지만, 정확히 일치하지는 않는다는 것이에요. 돈이 사람을 행복하게 만들어 주는 유일한 조건은 아니예요. 이런 여러 조건들도 있을 수 있어요.

- 사람들이 인생을 자유롭게 살 수 있다고 느끼나요?
- 사람들이 사는 환경이 청결한가요? 불결한가요?
- 사람들이 기업과 정부를 신뢰하나요?
- 사람들이 어려움에 빠졌을 때 부탁할 친구나 친척이 있나요?

불평등은 나쁜 것일까요?

불평등은 어디에나 있어요. 어떤 사람들은 눈썹을 움직일 수 있지만 어떤 사람들은 못하는 것처럼 어떤 불평등은 문제가 되지 않아요. 하지만 어떤 불평등은 아주 부당해 보여요. 특정한 사람들이 다른 사람들보다 돈을 더 많이 버는 경우가 그러하지요. 돈과 관련해서라면 우리는 모두 평등해야 하지 않을까요?

학생들에게 돈을 나누어 주는 학교가 있다고 상상해 봐요. 여기 돈을 나누어 주는 세 가지 방법이 있어요.

1. 성적과 상관없이 모든 학생에게 똑같은 금액을 줘요.

2. 열심히 공부하라는 의미로, 일등을 한 학생에게만 돈을 줘요.

3. 모두가 돈을 받기는 하지만, 성적이 좋을수록 많이 받아요.

여러분은 어떤 방법이 맘에 드나요?

많은 사람이 *어느 정도의 불평등*은 문제 삼지 않아요. 불평등이 너무 심하지 않고 모두 정상에 갈 수 있는 공정한 기회를 얻는다면요.

 어쨌건 가정 자체가 웃겨. 성적이 좋다고 돈을 받는 일은 없어.

 직접 연결은 안 되지만, 성적이 좋으면 어른이 돼서 돈을 잘 버는 직업을 가질 가능성이 높아.

불평등의 정도를 조절하기란 매우 어려워요. 실제로 대부분의 나라에서 부자들과 가난한 사람들의 격차는 점점 커지고 있고, 그 속도가 유난히 더 빠른 지역도 있어요. 이런 일은 여러 가지 이유로 일어나요.

돈이 돈을 번다
이미 돈이 있는 사람들은 예금 이자와 대규모 투자를 통해서 쉽게 더 큰돈을 벌어요.

차별
사람들이 성별이나 인종 때문에 똑같은 기회, 임금, 권리를 갖지 못하는 일을 **차별**이라고 해요. 차별은 불법이지만, 많은 사람들이 실제로 차별을 겪고 있어요.

임금 격차
권력을 가진 사람들은 스스로에게 높은 임금 같은 큰 보상을 해 줄 수 있고, 실제로도 높은 임금을 받아요.

조세 피난처
부유한 사람들은 세금을 피할 방법을 잘 찾아요. 세금을 아껴서 더 큰 부를 쌓고 정부를 가난하게 하죠.
(자세한 내용은 45쪽을 보세요.)

불평등을 줄이는 방법에 대해서는 사람 수만큼이나 다양한 의견이 있어요.

부유한 사람들이 일자리와 기회를 만들기 때문에 *부자들을 돕는 것이* 모든 사람을 돕는 길이야. 돈은 위에서 아래로 흘러내리지.

부자들이 가난한 사람들에게 돈을 주건 약간은 도움이 되겠지만, 나는 그냥 누구에게나 공평한 기회를 주는 게 더 좋다고 생각해.

가난한 사람들이 부자들에게서 권력을 빼앗아야 해!

모든 사람들이 부를 공평하게 나누어 가지면, 모두가 좋아질 거야!

나쁜 돈

사람들이 돈을 좋아하는 것은 돈으로 온갖 *물건*을 살 수 있어서만이 아니에요.
돈은 안 되는 일을 되게 하고, 다른 사람들을 움직이는 힘이 있지요.
그러면 어떻게 해야 돈이 나쁜 일에 쓰이지 않게 할 수 있을까요?

돈은 사람들이 세상을 바꾸는 동기가 돼요.

휘발유만큼 오래 달릴 수 있는 자동차 배터리를 개발하는 사람에게 **천만 달러의 상금**

때로 돈은 정부를 움직이는 데도 사용돼요.

설탕 회사에서 나를 고용했어요. 나는 정치인들을 만나서 그 회사에 도움이 되는 법을 만들도록 설득하지요. 나는 **로비스트**예요.

많은 사람들이 혁신을 권장하려고 상금을 내거는 것은 괜찮은 일이고, 로비스트를 고용해서 정부를 움직이는 것도 때로 *문제없다*고 생각해요. 하지만 두 가지 모두 악용될 수 있고, 그것을 **부패**라고 하죠.
대부분의 나라에는 부패를 막는 법이 있지만, 그 법이 부패를 제대로 막지 못할 때도 많아요.

저기, 우리 아이 대학 지원서를 합격 쪽에 넣어 주세요.

합격 / 불합격

우리나라는 당신의 당이 선거에서 이기기를 원해요.

하지만 외국의 기부를 받는 건 불법이에요!

이기고 싶어요? 이 돈이면 전단과 광고를 얼마나 더 만들 수 있는지 생각해 봐요!

하지만 비밀로 합시다! 이건 법을 어기는 거니까.

법에 어긋나는 특혜를 받기 위해 돈을 주는 것을 **뇌물**이라고 해요.

부패는 사회를 썩게 해요

부패는 정의를 해쳐요. 돈 많은 사람이 남들보다 더 많은 권력을 갖게 만들기 때문이죠. 정부와 기업에 대한 사람들의 신뢰를 흔들기 때문에 위험하기도 하고요.

나는 투표도 안 할 거야. 정부는 대기업들이 원하는 대로만 할 텐데 뭘.

빛을 밝히기

부패는 사람들이 비밀리에 활동할 수 있는 닫힌 공간에서 번성해요. 정부가 부패를 막을 수 있는 몇 가지 방법이 있어요.

공공 기관이 하는 일을 시민과 기자들이 알 수 있게 하는 법을 만들어요. 이런 법을 **정보 공개법**이라고 해요.

법원이 사람들의 재산이나 지위에 상관없이 공정한 재판을 하게 해요.

공무원에게 적당한 임금을 주면 뇌물을 받을 위험이 줄어들어요.

사람들이 일을 하고 받는 돈을 공개하게 해요. 예를 들어, 유튜버가 어떤 제품을 홍보하고 대가로 돈을 받으면 그 사실을 말해야 해요.

로비스트가 하는 일과 쓰는 금액을 공개하게 해요. 금액을 공개하면 부패가 발생할 때 적발하기가 쉬워져요.

규칙이 너무 *많으면* 다 지키기가 어렵고, 정부도 모든 사람을 감시하기가 힘들어져요. 그래서 때로는 규칙과 서류를 *없애는* 것도 부패를 방지하는 데 도움이 돼요.

돈을 수단으로 저항하기

사람들이 항의나 저항의 의미로 무언가를 사지 않는 행위를 **불매 운동**이라고 해요.
이것은 시시한 일처럼 보일 수 있지만, 많은 사람이 함께 하면 영향력이 커져요.
여기 유명한 사례가 있어요.

20세기 초에 영국은 인도를 지배하면서 많은 돈을 벌었어요.
특히 섬유 산업에서 그랬죠.

정치 지도자 모한다스 간디는 인도인에게 영국 제품, 특히 면직물을 불매하고
직접 천을 짜서 쓰자고 했어요.

얼마나 많은 사람이 이 불매 운동에 참여했는지
정확히 알 수는 없지만, 불매 운동이 퍼지면서
점점 더 많은 사람이 인도의 독립 운동을 지지하게 되었어요.
저항은 계속 이어졌고, 인도는 1947년에 마침내
독립을 이루었어요. 이렇게 폭력 대신 돈을 수단으로 싸우는
저항은 전 세계에서 자기 권리를 얻으려고 싸우는 많은
사람들에게 영향을 미쳤어요.

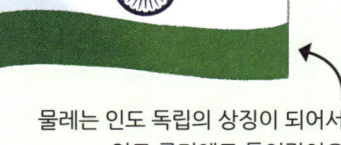

물레는 인도 독립의 상징이 되어서,
인도 국기에도 들어갔어요.

소비자 권력

소비자 권력은 소비자가 여러 활동을 통해 기업의 결정에 영향을 미치는 것을 말해요.
그 활동에 대해 살펴보아요.

바꾸기

무언가를 사지 않는 대신 사는 업체를 바꾸는 것도 방법이에요.
판매가 감소하면 판매자들은 행동을 바꾸어요.

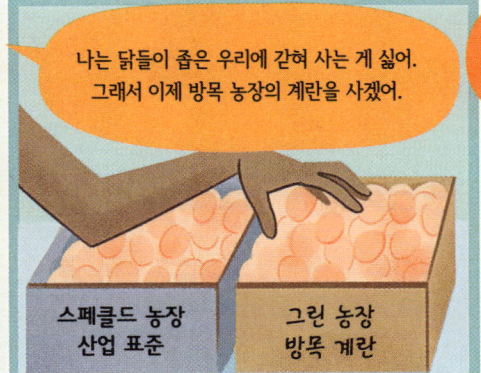

"나는 닭들이 좁은 우리에 갇혀 사는 게 싫어. 그래서 이제 방목 농장의 계란을 사겠어."

"계란이 안 팔려서 손해가 너무 컸어요."

"그래서 우리도 닭을 방목하기로 했지요. 돈은 조금 더 들지만 그래도 수익이 나요."

글 쓰기

회사에 직접 편지를 보내거나 SNS에 게시물을 올려서 고객들의 의견을 알려 줘요.

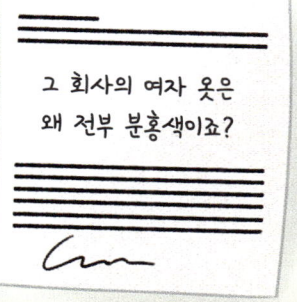

그 회사의 여자 옷은 왜 전부 분홍색이죠?

기부하기

환경 보호 같이 기업들의 행동 개선을 촉구하는 단체를 후원해요.

"나는 모든 문제를 신경 쓰면서 업체를 바꾸거나 글을 쓰거나 돈을 후원할 시간이 없어. 이런 일은 정부가 다 해결해야 돼."

"맞아! 하지만 정부는 극제적 기업은 잘 통제하지 못해. 소비자 운동이 세계적으로 퍼지면, 그게 더 효과가 빠를 수 있어."

협상을 잘하는 법

거래를 더 잘하기 위해서 금액을 두고 서로 의견을 주고받아야 할 때도 있어요. 이런 일을 **협상**이라고 하죠. 전화 개통이나 잘못된 물건 교환, 심지어 임금까지 온갖 사안에 대해 효과적으로 협상하는 방법을 소개합니다.

억만장자가 되려면

억만 달러는 엄청나게 많은 돈이에요. 1억 달러를 세려면 1초에 하나씩 세어도 꼬박 3년이 걸려요. 그렇게 큰돈을 어떻게 가질 수 있을까요?

상속자
가족의 유산을 물려받아요.

시작하는 돈 : 많음
걸리는 시간 : 짧음
위험 : 낮음
성공 가능성 : 높음

투자자
돈이 억만 달러에 이를 때까지 투자해요.

시작하는 돈 : 중간
걸리는 시간 : 오래
위험 : 아주 높음
성공 가능성 : 낮음

발명가
잘 팔리는 물건을 발명해요.

시작하는 돈 : 다양
걸리는 시간 : 다양
위험 : 중간
성공 가능성 : 아주 낮음

기업가
큰 회사를 운영하는 사업가가 돼요.

시작하는 돈 : 다양
걸리는 시간 : 오래
위험 : 높음
성공 가능성 : 낮음

누구나 억만장자가 될 수는 있지만, 실제로 억만장자들은 대부분 55세가 넘고, 부유한 나라 출신이며, 그중 삼분의 이가 대학에 들어갔어요.

또 한 가지 중요한 특징은 끈기예요. 대부분의 억만장자는 실패와 큰 손해를 경험해도 계속 새로운 것을 시도해서 큰 부를 이뤄요.

억만 달러를 버는 확실한 규칙은 없어요. 세상에는 빈손으로 시작해서 큰 부자가 된 사람들의 이야기가 많지만, 그런 이야기는 흥미로워서 널리 퍼지는 것일 뿐 억만장자들은 대개 처음부터 많은 돈을 가지고 시작해요.

인생에 충분한 돈은 어느 정도일까요?

여러분이 친구들과 함께 이런 게임을 한다고 상상해 보세요. 사회자가 여러분에게 질문을 해요. "여러분이 평생 동안 편안하고 행복하게 살려면 돈이 얼마나 필요한가요?" 그런 뒤 가장 적은 금액을 써 낸 사람이 돈을 받아요. 여러분이라면 얼마를 써 내겠어요?

기본적인 생필품을 살 수 있을 만큼은 되어야 하지만, 돈을 받으려면 무조건 높게 쓸 수는 없어요. 편안하게 사는 데 필요한 금액은 사람에 따라 크게 달라요.

정해진 답은 없어요. 실제로 우리가 이런 게임을 할 가능성도 거의 없죠.
하지만 이 질문을 통해 우리가 '충분하다'고 여기는 금액이 얼마인지 생각해 보게 돼요.
아마 억만 달러는 안 될 거예요!

돈에 대해 알고 난 다음엔?

이제 여러분은 돈을 관리하는 방법은 한 가지만이 아니라는 걸 알게 되었어요.
돈에 대해 이야기하거나 *생각하는* 방법도 한 가지만이 아니에요.
돈은 아주 개인적인 주제이기 때문이죠. 돈은 우리의 미래 계획, 우리가 하는 일,
무엇보다 우리가 다른 사람들과 하는 약속과 관련되어 있어요.

그와 동시에 돈은 우리를 수많은 사람과 연결해 주기도 해요.
돈이 사람에게서 사람에게, 기업에서 기업으로 옮겨 다니며 거래의 사슬이 형성되고, 계속해서
새로운 고리가 더해져요. 그 거래의 사슬은 수천 년 동안 이어졌고, 전 세계에 뻗어 있어요.
이렇게 돈은 중요한 역할을 하고 있답니다.

낱말 풀이

다음은 이 책에 나온 주요한 단어들의 뜻을 설명한 거예요. *이탤릭체로 쓰인 단어*는 이 낱말 풀이 안에 설명되어 있는 단어라는 것을 의미해요.

GDP 국내 총생산, 한 나라의 모든 국민과 기업이 생산한 부의 총량.

가난 기본적 의식주를 해결할 돈이나 소득이 부족하고 *대출*도 받을 수 없는 상태.

결손 기업이나 정부가 수입보다 더 많은 돈을 쓰는 일.

경제 한 나라의 돈의 양과 돈이 그 나라 안에서 돌아다니는 일.

계약서 양쪽의 합의를 담은 문서. 예를 들면 종업원이 무슨 일을 하면 고용주가 임금을 얼마를 주겠다는 내용 등이 적혀 있어요.

고리대금업 불법적인 *대출* 사업으로, 매우 높은 *이자*를 붙여요.

공공 서비스 정부가 *세금*을 사용해서 모든 사람을 위해 제공하는 복지 같은 것.

국가 채무 정부가 다른 정부나 은행에서 빌린 *부채*.

규제 은행과 기업이 다른 사람들의 돈으로 지나친 모험을 하지 않도록 법으로 막고, 기업이 너무 큰 힘을 갖지 못하게 하는 일.

금본위제 통화의 가치를 특정 양의 금과 연결시킨 옛날의 화폐 제도.

금융 돈 또는 돈 관리와 관련된 일.

금융 상품 사람, 은행, 기업이 계약을 맺고 사고파는 현금, 자산, 파생 상품.

기금 모금 자선 단체를 돕기 위해 후원금을 모으는 일.

다각화 위험을 최소화하기 위해 다양한 곳에 투자하는 방식.

담보 대출 집이나 건물을 사기 위한 *대출*로, 오랜 세월 동안 그 *부채*를 갚아요.

담보물 사람이나 기업이 부채를 갚지 못할 때 *채권자*들이 압수해 가는 *자산*.

대출 사람이나 기업이 빌리는 돈으로, 대개는 *이자*를 붙여서 갚아야 해요.

디플레이션 한 나라의 물가가 평균적으로 내려가는 일.

물물 교환 돈을 사용하지 않고 물건과 물건을 직접 교환하는 일.

보통 예금 계좌 언제 어느 때나 쉽게 입금하고 출금할 수 있는 계좌.

보험 어떤 회사에 적은 액수의 돈을 내고, 사고와 같은 예상치 못한 일이 일어났을 때 큰돈으로 받는 일.

복리 원금에 *이자*까지 더한 것을 다시 원금으로 계산해서 붙는 *이자*.

복지 정부가 돈이 없는 사람들에게 기본 서비스를 제공하는 일.

부 한 사람이나 기업이 가진 돈의 총량으로 *자산*과 현금을 포함해요.

부채 사람, *은행* 또는 기업에서 빌리고 아직 갚지 않은 돈. 대체로 *이자*와 함께 갚아야 해요.

불매 운동 많은 사람이 특정 제품, 또는 특정 기업의 여러 제품을 사지 않는 것.

불황 한 나라의 *경제* 또는 *GDP*가 일정 기간 동안 약해지는 일.

비용 기업이 제품을 팔기 전에 쓰는 돈.

사기 다른 사람을 속여서 돈을 받아내는 일로 대개는 범죄 행위예요.

선물 파생 상품의 한 가지로, 아직 일어나지 않거나 존재하지 않는 것에 돈을 주기로 약속하는 것.

세금 개인과 기업이 정부에 내는 돈으로, 공공 서비스에 사용돼요.

소액 거래 은행 일반 *은행* 참고.

수익 기업이 사업을 해서 비용 이상으로 번 돈.

시장 사람들이 물건을 사고파는 곳, 또는 기업이 제품을 판매하고자 하는 사람들.

신용 등급 은행이 어떤 고객에게 *대출*을 해 주고 어떤 *이자*를 매길지를 결정하는 제도.

신용 카드 사람들이 물건을 살 때 그 값을 미리 지불해 주는 카드.

암호 화폐 수학적인 암호 해독 기술을 사용해서 온라인에서 만들고, 교환하고, 보관하는 디지털 통화.

양적 완화 정부가 인플레이션을 높이기 위해 은행 *대출*을 통해 돈의 양을 늘리는 일.

억만장자 재산 전체가 그 나라 통화로 수억이 넘는 사람.

위조 화폐 가짜 지폐와 동전을 만드는 일.

예산 수입과 지출 계획을 적은 목록으로, 개인이나 기업, 정부 모두 사용해요.

유가 증권 주식처럼 사람들이 사고팔 수 있는 모든 종류의 금융 상품.

유동성 돈이나 *자산*을 쉽게 모으고 쓸 수 있으면 유동성이 높다고 말해요.

은행 일반 *은행* 또는 투자 *은행*을 보세요.

이자 돈을 빌린 사람에게 보태서 주어야 하는 돈이나 은행이 예금을 한 고객에게 주는 돈.

이자율 대출에 *이자*가 붙는 비율.

인플레이션 한 나라의 물가가 평균적으로 오르고, 통화의 가치가 떨어지는 일.

일반 은행 개인이나 기업이 돈을 저축하고 *대출*을 신청하는 은행.

임금 일을 한 대가로 정기적으로 받는 돈. 대개 한 달에 한 번씩 받아요.

자금 기업 운영이나 사업에 필요한 돈.

자산 집이나 자동차나 *채권*처럼, 판매해서 유동 자금으로 만들 수 있는 가치 있는 물품.

자선 재단 돈이 많은 사람이 지속적인 자선 사업을 위해 큰돈을 내서 세우는 재단.

정기 예금 계좌 출금에 제한이 있는 계좌. 하지만 *보통 예금 계좌*보다 더 많은 *이자*가 붙어요.

주식 회사의 *지분*을 이루는 단위.

주식 시장 주식을 사고파는 곳.

주주 기업의 *지분*을 소유한 사람으로, 수익의 일부를 나눠 받을 수 있어요.

중앙은행 정부와 밀접하게 협력해서 *통화*를 통제하는 은행.

증권 중개인 주식 시장에서 사고팔 수 있는 권한이 있는 사람.

지분 여러 사람이 나누어 소유한 기업의 부분들.

채권 정부나 큰 기업이 파는 장기 부채.

채권자 다른 사람에게 돈을 *대출*해 주는 사람, 또는 *은행*, 또는 기업.

체크 카드 은행 계좌와 직접 연결해서 물건을 살 수 있게 해 주는 카드.

초과 인출 은행 계좌에 있는 돈보다 더 많은 돈을 쓰는 일.

통화 영국 파운드나 미국 달러처럼 특정 지역에서 일반적으로 쓰는 돈의 제도.

투자 미술 작품이나 기업의 주식 같은 것을 앞으로 가치가 높아지리라 기대하고 사는 일.

투자 은행 정부, 기업, 부유한 개인이 돈이 많이 드는 사업을 하기 위해 자금을 빌리는 은행.

파산 부채를 갚을 수 없다고 선언하는 일. 하지만 개인 물품은 *채권자*들의 돈을 갚기 위해 팔아야 해요.

파생 상품 상품이나 서비스나 *자산* 같은 다른 종류의 돈을 통해서 가치가 만들어지는 돈의 형태.

현금 동전이나 지폐 형태의 돈.

환전 한 종류의 통화를 다른 것으로 바꾸는 일.

찾아보기

ㄱ

가난 57, 63, 87, 91, 110-111, 112-113
가치 저장 15
개선 57, 87, 117
개오지 조개껍데기 26-27
개인간 대출 43
거래 6-7, 15, 20, 24-25, 28, 32, 38, 103, 107, 108-109, 118, 121
결손 93
경제 11, 21, 96-97, 99, 102-103
계산 단위 15, 25
계약서 55, 59
고대 로마 28
고리대금업 63
고용 54-57, 59, 95, 97, 114
고용주 55, 56-57
곡물 24, 25
공공 서비스 6, 88, 94
공급 18, 56, 92-93
관세 90-91, 103
교자 30-31
교환 수단 15, 25
국가 채무 93
국내 총생산(GDP) 96, 111
그리스 29
글 쓰기 117
금 28-29, 30-31
금고 30, 37, 38, 66
금본위제 31
금속 덩어리 26
금융 상품 33
금융 위기 48-51, 108
기금 마련 82-83
기본 소득 95
기부 6, 71, 82-87, 114, 117

기업 7, 17, 20-21, 33, 37, 44-49, 50, 66, 68, 74, 88, 90, 94, 98, 100-103, 111, 117, 121
기준 금리 99-101
긴급 구제 50

ㄴ

노동조합 57
놋쇠 28
뇌물 114-115
누진세 91

ㄷ

다각화 81
담보 대출 39, 48-49
담보물 59, 65
당근 4, 14, 16
대출 7, 34, 38-39, 40, 48-49, 50, 59, 60, 63, 65, 76, 93, 100-101
돈 세탁 66
돌고래 이빨 26
동전 4, 13, 16, 18-19, 25, 27-31, 108
돼지 저금통 35, 38
디플레이션 98

ㄹ

라이 돌 26, 27
러시아 9, 90, 102, 111
로비스트 114-115
루블 9
리디아 28

ㅁ

메소포타미아 24-25, 26
명목 화폐 18, 31
무라바하 42

물가 79, 97, 98, 100-103
물물 교환 14, 24
뮤추얼 펀드 81
미국 4, 8-10, 20-21, 31-32, 48-51, 93, 96

ㅂ

배당금 78-79, 87
뱅크 런 41
범죄 7, 38, 45, 48, 51, 66-67, 68, 106
법 18, 51, 57, 103, 114-115
보통 예금 계좌 76-77
보험 41, 75
복리 61
복지 95, 103
부패 114-115
불매 운동 116
불평등 112-113
불황 49
비밀번호 19, 67, 69
비취석 26, 27
비트코인 108-109

ㅅ

사기 29, 50, 66-69
상환 32, 48-49, 60, 65, 99
선물 33
세계 은행 111
세금 감면 91, 103
세금 6, 29, 44-45, 50, 66, 72, 79, 89-97, 103
세율 91
소금 26
소득 6, 36, 54, 56-57, 63, 66-67, 72, 79, 97
소득세 90-91
소비 6, 37, 71-77, 91-101, 121
소비자 권력 117
소액 거래 은행 38

수요 18, 21, 56
수익 33, 42, 48, 60, 76, 78, 80-81, 86-87, 100
신뢰 21, 25, 31, 32, 41, 43, 108, 111, 115
신용 등급 62-63
신용 조합 43
신용 카드 16, 39, 58, 61, 64, 67, 68

ㅇ

암호 화폐 108-109
양적 완화 101, 103
억만장자 119
역외 은행 44-45
연이율 76
영국 20-21, 31, 45, 51, 116
영수증 23, 30, 72
예금 계좌 61, 76-77, 79
예금 36-37, 38, 41, 43, 61 76-77, 113
예산 72-73, 74, 121
온라인 안전 68-69
위안 9, 20-21
위조 19, 30, 108
위험 30, 32, 38, 41, 45, 48-51, 62, 78-81, 93
유가증권 47
유동성 17
유로 4, 8, 20-21
은 25, 28-29
은행 계좌 5, 7, 12, 38, 41, 44-45, 58-59, 66-67, 72, 106
은행가 50-51
이 머니 4-5, 8, 16, 18-19, 32, 37, 41, 106
이슬람 은행 42
이자 32, 36, 38-39, 40, 42-43, 46, 48, 58-63, 76-79, 93, 99, 100-101
이자율 60-61, 76-77, 79, 100-101, 103
인도 28, 84-85, 86, 111, 116
인출 37, 38, 41, 58, 67
인플레이션 79, 97, 98, 100-101

일반 은행 38-39, 42, 48-49, 50-51, 99-101
임금 33, 43, 50, 54-57, 66, 85, 87, 91, 92, 94, 97, 98, 113, 115, 118

ㅈ

자산 78
자선 단체 6, 66, 71, 82-87, 121
자선 재단 86-87
자영업 54
재무 상담사 64-65
저축 15, 35, 38, 50, 71, 72, 76-77, 79, 100, 121
저항 116-117
정보 공개권 115
제1차 세계대전 31
조세 피난처 44-45, 113
종업원 54-55, 56-57, 94
주식 33, 46-47, 78-79, 80-81, 86
준비금 99
준비 통화 21
중국 9, 10, 20-21, 27, 28, 30, 96
중앙은행 18-19, 31, 37, 51, 99-101
증권 거래소 47, 80
증권 중개인 47, 80
지분 33
지출 72, 88, 94, 102
지폐 4, 12, 16, 18-19, 30-31, 66

ㅊ

차별 113
차용 25
찻잎 26, 27
채권 32, 46-47, 78, 80
채무 32, 64-65, 93
청동 26-27, 28-29
체크 카드 38, 67, 77
초과 72, 74-75, 93, 121

초과 인출 58
최저 임금제 57

ㅋ

케찰 깃털 26
코코아 콩 26-27
크라우드 펀딩 43, 83

ㅌ

통화 4, 8-9, 16, 20-21, 31, 93, 108
투자 은행 46-47, 48-49, 50-51
투자 7, 44-45, 70, 76-81, 86-87, 99, 113, 119
투자자 44-49, 80-81, 119
팁 10

ㅍ

파산 65
파생 상품 33, 47
파운드 20-21
페이퍼 컴퍼니 44
프리랜서 54-55
피싱 67-68

ㅎ

행복 97, 105, 110-111, 120
현금 인출기 37, 38, 41, 67, 77
현금 4-5, 16-19, 26-27, 33, 37, 38-39, 41, 67, 106
협상 43, 55, 80, 118
환율 9, 20-21
횡령 66
후추 열매 26-27
흑요석 26

만든 사람들

에디 레이놀즈, 매슈 올덤
라라 브라이언 글

마르코 보나티
그림

알렉스 프리스
편집

제이미 볼, 프레야 해리슨
디자인

마티나 콜릿
에든버러 화폐 박물관
런던 사우스 템스 대학
영 머니 (www.young-enterprise.org.uk 부속)
마달레나 레아웅
영국 재무부
전문가 감수·도움

제인 치즘 시리즈 편집

스티븐 맨크리프
시리즈 디자인

어스본 출판사는 어스본 바로가기에서 추천하는 웹 사이트들을 규칙적으로 확인하고 있습니다. 하지만 추천 웹 사이트 외 다른 웹 사이트의 내용에 대해서 책임지지 않습니다. 다른 추천 사이트들을 살펴보다가 바이러스에 걸릴 경우, 어스본 출판사는 피해에 대해 책임지지 않습니다.

한국어판 1쇄 펴냄 2019년 12월 1일 | 1판 7쇄 펴냄 2021년 5월 31일
옮김 고정아 편집 김산정 박희정 디자인 신지아 펴낸곳 (주)비룡소인터내셔널 전화 02)6207-5007 팩스 02)515-2007
한국어판 저작권 ⓒ 2019 Usborne Publishing Ltd.

영문 원서 Money for beginners 1쇄 펴냄 2019년
글 에디 레이놀즈 외 그림 마르코 보나티 디자인 제이미 볼 외 감수 마티나 콜릿 외
펴낸곳 Usborne Publishing Ltd. usborne.com
영문 원서 저작권 ⓒ 2019 Usborne Publishing Ltd.

이 책의 영문 원서 저작권과 한국어판 저작권은 Usborne Publishing Ltd.에 있습니다.
저작권법에 의하여 한국 내에서 보호를 받는 저작물이므로 무단전재와 복제를 금합니다.
어스본 이름과 풍선 로고는 Usborne Publishing Ltd.의 트레이드 마크입니다.

*이 책에는 네이버 나눔글꼴을 사용하였습니다.